W0191343

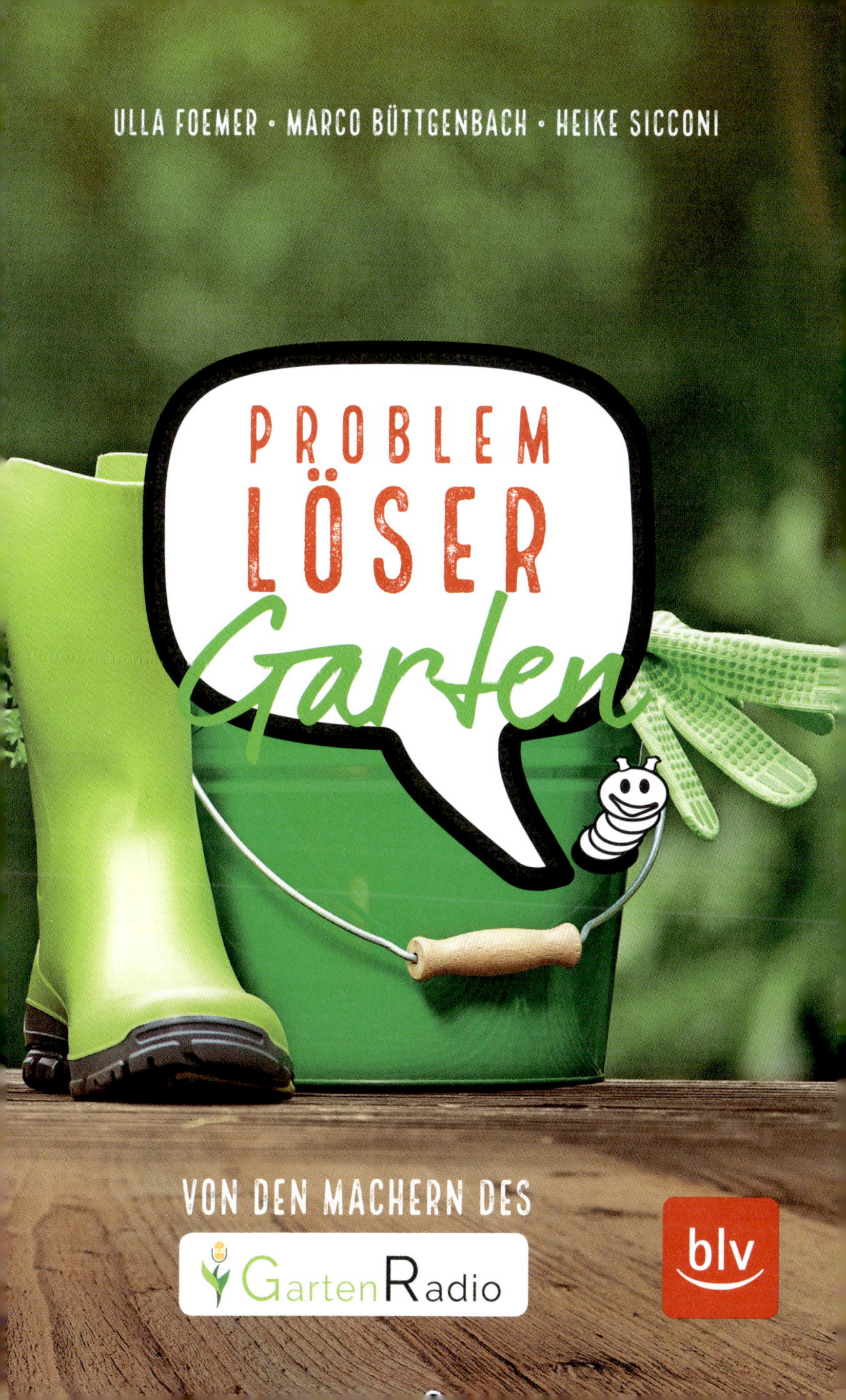
ULLA FOEMER · MARCO BÜTTGENBACH · HEIKE SICCONI
PROBLEM
LÖSER
Garten
VON DEN MACHERN DES
GartenRadio
blv

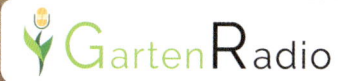

INHALT

VORWORT

Der schlimmste Feind des eigenen Gartens, das ist der Gärtner selbst. Er pflanzt Stauden, wo sie nicht hingehören, entscheidet sich für Bäume, die schneller wachsen als seine Kopfbehaarung, schneidet Sträucher so lange, bis sie eingehen, überdüngt die Beete, auf dass kein Halm mehr gerade steht, schießt mit der Giftspritze hilfreiche Nützlinge in die Flucht, gießt zu viel oder zu wenig – und wundert sich, dass sein Garten nicht so gedeiht, wie er sich das vorgestellt hat. Von Problemen dieser und anderer Art wollen wir berichten.

Eine Warnung vorab: Hobbygärtner mit dreißigjähriger Erfahrung werden wahrscheinlich nichts Neues in diesem Buch erfahren. Aber für sie ist dieses Buch auch gar nicht gedacht. Als Fachleute wissen sie sowieso, was man im Garten alles falsch machen kann. Wer aber gerade anfängt, einen Garten anzulegen, oder wer wissen will, warum sich der Rittersporn im Frühjahr nicht mehr zeigt, obwohl er doch als winterharte Staude gekauft worden ist, lernt dagegen bestimmt noch etwas dazu. Angefangen vom Pflanzen über das Düngen bis zur Ernte begleiten wir Sie durch den Blumen- und Gemüsegarten. Und zwar am liebsten naturnah.

Natürlich können wir dabei nicht ausnahmslos alle Probleme aufgreifen, die sich im gärtnerischen Alltag stellen. Aber Sie werden garantiert Antworten auf die größten Herausforderungen und Ärgernisse finden. Und zwar ohne sich durch Fachchinesisches – pardon: durch Fachbotanisches – quälen zu müssen. Versprochen!

Falls Sie das alles, was wir hier zusammengetragen haben, nicht nur lesen, sondern auch hören wollen, halten Sie Ihr Smartphone oder Tablet doch einfach auf den QR-Code am Ende jedes Kapitels. Der verbindet Sie mit der entsprechenden Sendung von GartenRadio.fm. Und Sie werden sehen (und hören): Zu jedem Problem gibt es eine Lösung!

Augen auf beim Pflanzenkauf

Viele Pflanzen werden am falschen Ort zur falschen Zeit gekauft. Und: Viele Neuzüchtungen halten gerade mal so lange wie Blumensträuße. Worauf kommt es bei der Anschaffung also an?

AM FALSCHEN ORT GEKAUFT

Anfang April pflegen Hobbygärtner und Balkonbesitzer die Filialen von Aldi, Lidl und Co. zu stürmen. Dann gibt es hier nämlich die ersten Geranien und Petunien zu kaufen, und zwar zu einem scheinbar unschlagbaren Preis. Bei 99 Cent pro Stück greift man doch gern zu – und kauft, was das Zeug hält. Selbst wenn sie vergilbte Blätter haben und erst nach sechs Wochen üppig blühen. Wenn sie überhaupt so lange überleben.

WIR MEINEN DAZU:

Wer Spaß an seinen Geranien haben und sie direkt in den Balkonkasten setzen will, wo sie von Anfang an blühen und vor allem bis zum Ende der Saison durchhalten, der sollte seine Pflanzen im Gartenfachhandel kaufen. Doch der Rat, nicht beim Discounter zu kaufen, ist einfacher gesagt als getan. Zu verführerisch sind die Preise, zu verführerisch auch der Wunsch, nach einem langen Winter das Frühjahr ins Haus zu holen.

Mittlerweile werden über 50 Prozent aller Zierpflanzen nicht mehr in Gärtnereien oder Gartenfachmärkten gekauft, sondern im Lebensmitteleinzelhandel und in Baumärkten. Und das zu einem Zeitpunkt, der mit der natürlichen Entwicklung der Blumen nichts zu tun hat. Häufig werden sie viel zu früh angeboten, wenn beispielsweise immer noch mit Frösten gerechnet werden muss. Hergestellt werden sie von Produzenten, die sehr schnell und sehr billig produzieren müssen, weil die Pflanzen nicht viel kosten dürfen. Aus riesigen Gewächshäusern werden sie quer durch die Republik gekarrt, tagelang in dunklen Hallen zwischengelagert, in Tüten eingepackt, in denen sich Kondenswasser bildet, das die Fäulnis anregt, und gepflegt von Leuten, die keine Ahnung haben, wie das geht. Wenn sie überhaupt gepflegt werden!

Gärtnermeister Marco Büttgenbach:

„*Beim Discounter kauft man Konserven, aber keine Pflanzen.*"

Wer trotzdem seine Geranien, Petunien und andere Zierpflanzen beim Discounter kaufen will, sollte folgende Tipps beherzigen:

Finger weg von …

… Pflanzen, die im Dunkeln stehen: Selbst im Rollcontainer draußen vor der Eingangstür kann das Licht nur von der Seite kommen, und auch nur an die Töpfe, die am Rand der Palette stehen. Die übrigen Pflanzen stehen im Dunkeln, denn sie bekommen nicht das Licht von oben, das sie für ein gesundes Wachstum brauchen. Sie bilden lange, dünne Triebe, die sie viel Kraft kosten, weil Pflanzen halt immer in Richtung Licht wachsen wollen. Noch schlimmer ist es natürlich um Zukunftsaussichten für die Pflanzen bestellt, die tagelang im Laden stehen.

… Sommerblumen mit braunen Wurzeln: Die Wurzeln einer gesunden Pflanze sind immer weiß. Wenn sie braun sind, bedeutet das: Sie sind verfault. Das erkennt man auch am Geruch – sie stinken.

… Pflanzen mit Schimmelpilzen: Pilze an Trieben und Blättern sind ein Zeichen dafür, dass beim Transport etwas schiefgegangen ist. Mit haushaltsüblichen Mitteln sind diese Pilze nicht zu bekämpfen. Ein schlechtes Zeichen ist es auch, wenn die Blätter abgebrochen sind oder Risse haben.

… Pflanzen mit wenig Knospen: Die Blüte, die sich an der Pflanze befindet, wird nach ein paar Tagen verblüht sein wird. Viel interessanter für Sie sind die Knospen, die sich meist in den Blattachsen befinden. Sie sind die Blühversicherung für die Zukunft.

… dünnen und blassen Pflanzen: Eine Pflanze mit dünnen Trieben hatte nur wenig Platz und Licht zum Wachsen. Es wird auch von unten nicht mehr viel nachwachsen. Häufig hat sie auch nur eine einzige Blüte. Zugreifen sollte man also nur, wenn eine Pflanze kompakt und kräftig gewachsen ist und viele Seitenknospen aufweist. Aber selbst wenn man diese Tipps beherzigt, ist das immer noch keine Garantie.

ZU FRÜH GEKAUFT!

Direkt aus dem Supermarkt auf den Balkon umzuziehen, das vertragen die Sommerblumen nur schlecht. Sie brauchen etwas Zeit, um sich an die häufig noch kühlen Außentemperaturen zu gewöhnen. Deshalb nehmen die Liebhaber der Billigangebote einige Mühen auf sich. Wenn die Pflänzchen nach draußen dürfen, achten sie jeden Tag auf die Wettervorhersage. Drohen Nachtfröste, was Anfang Mai durchaus üblich ist, holen sie die Töpfe und

Kästen abends ins Haus und stellen sie morgens wieder raus. Oder sie decken sie mit Vlies ab. So viel Geduld und liebevolle Pflege sind allerdings nicht immer von Erfolg gekrönt – die Balkonpflanzen gehen trotzdem ein.

👉 WIR MEINEN DAZU:

Viele der zu früh gekauften Pflanzen sind zu schwach, um den Stress von zu wenig Licht und zu viel Kälte auf Dauer zu ertragen. Wenn die Discounter ihre Balkonpflanzen verkaufen, sind die Tage noch kurz, die Temperaturen niedrig. Bei Geranien, Petunien und Fuchsien, die Anfang April in die Balkonkästen gesetzt werden, handelt es sich aber um wärmeliebende Pflanzen, die die Sonne brauchen. Deshalb sind ihre Wachstumsbedingungen um diese Zeit denkbar schlecht. Zumal sie wegen ihrer mangelhaften Kinderstube wenig Widerstandskraft haben.

Gärtnermeister Marco Büttgenbach:

,, *Der Spruch: ‚Die können doch bei mir wachsen!'*
ist der dümmste, den es gibt. ''

Mit der Aufzucht der Sommerblumen, die ab Anfang April verkauft werden, haben die Gärtner mitten im Winter begonnen. In den Gewächshäusern mussten sie viel Licht und Wärme einsetzen, was schon aus ökologischer Sicht bedenklich ist. Die Blumen dagegen, die sie für einen Verkauf ab Mitte Mai ziehen, sind unter besseren Bedingungen gewachsen: Die Tage sind

länger, die Außentemperaturen höher, die Pflanzen einfach besser gerüstet für den Aufenthalt auf Ihrem Balkon.

Viel Licht und viel Wärme bei der Aufzucht kosten die Gärtner viel Geld. Gleichzeitig müssen sie aber preiswert wirtschaften und große Mengen an Verkaufsware herstellen. Diesen Widerspruch lösen die Produzenten, indem sie eher auf kleine Pflanzen setzen, langes Durchhaltevermögen ist nicht gefragt. Denn andere Kriterien würden die Pflanze verteuern. Dadurch ist im Lauf der Zeit allerdings auch das Produkt an sich in Verruf geraten. Das hat die Geranie nicht verdient!

Mit den Geranien aus dem Supermarkt kommt nie und nimmer der üppige Bewuchs zustande, den wir im Sommer an bayerischen Balkonen bewundern. Dabei handelt es sich um Sorten, die nur im Fachhandel zu kaufen sind, und zwar zu deutlich höheren Preisen und erst ab Mitte Mai, nach den Eisheiligen. Selbst wenn die empfindlichen Sommerblumen kühle Nächte auf Balkon und Terrasse überleben, würden Kälte und Dunkelheit für eine sogenannte Wachstumsdepression sorgen, ihre volle Schönheit wäre in der Folgezeit nicht garantiert.

Im schlimmsten Fall gehen die vorzeitig produzierten Sommerblumen ein. Den Gartenfachhandel freut's: Wenn es Ende April und Anfang Mai noch einmal friert, und das ist vielerorts die Regel, dann haben die Discounter keine Geranien mehr im Angebot. Die gibt es dann nur noch beim Profigärtner zu kaufen.

DIE BLÜHT JA NUR EINMAL?!

Das kräftige Blau in allen Schattierungen macht den Rittersporn zu einer der begehrtesten Stauden im Blumenbeet. Dafür ist man gern bereit, viel Geld auszugeben. Zumal das Etikett verspricht, dass er auch im nächsten Jahr wiederkommen wird. Aber Papier ist geduldig – der Rittersporn verblüht schneller, als man gucken kann, und im nächsten Sommer kommt an seiner Stelle alles Mögliche – nur kein Rittersporn mehr.

 WIR MEINEN DAZU:

Der wichtigste Rat ist, nicht auf jeden Marketingtrick hereinzufallen. Rittersporn blüht normalerweise im Mai und Juni. Und wenn man ihn direkt nach der Blüte schneidet, blüht er vielleicht noch ein zweites Mal, im September und Oktober. Zu kaufen ist blühender Rittersporn aber häufig schon ab April, und ab da das ganze Jahr hindurch, bis in den Oktober.

Gärtnermeister Marco Büttgenbach:
„*Das ist die Erdbeerianisierung der Staude – man entfernt sich komplett vom Produkt und verkauft falsche Erwartungen.*"

So wie frische Erdbeeren inzwischen ganz selbstverständlich auch zu Weihnachten im Supermarktregal stehen, so selbstverständlich ist es auch geworden, das ganze Jahr über blühende Stauden zu kaufen – zu einem Zeitpunkt, wenn die naturgemäße Blütezeit noch lange nicht erreicht bzw. längst vorbei ist. Diese „Zuchterfolge" gehen zulasten der Qualität – die Pflanzen sind nicht widerstandsfähig gegenüber dem Klima.

Den nächsten Winter jedenfalls überstehen sie in den wenigsten Fällen. Bei den meisten ganzjährig angebotenen Rittersporen handelt es sich nämlich um Sorten, die aus Samen gewonnen worden sind. Diese Pflanzen aus der sogenannten generativen Vermehrung sind erfahrungsgemäß weniger widerstandsfähig als Sorten, die durch Teilung vermehrt worden sind. Letztere kosten zwar deutlich mehr, wachsen dafür aber häufig auch schöner und kräftiger und sind vor allem robuster. Leider ist die Art der Vermehrung auf dem Etikett aber selten bis nie vermerkt.

Auch bei anderen Stauden, die zurzeit besonders nachgefragt werden, wie Sonnenhut oder Mädchenauge, ist die Enttäuschung oft programmiert. Um besonders vielfältige Sorten anzubieten, die länger blühen und kompakter wachsen, opfern die Züchter die Schönheit zugunsten der Winterhärte. So wird aus der eigentlich mehrjährigen Staude eine einjährige Pflanze, die nach der Blüte eingeht. Der Frust des Hobbygärtners ist im Preis inbegriffen.

DER RITTERSPORN WIRD RIESIG!

Im Heimwerker- oder Hobbymarkt sieht die Pflanze genauso aus, wie man sie sich wünscht: kräftiges Blau in der Blüte, üppiges Blatt, gerade mal knie-hoch. Im nächsten Jahr scheint die Staude geradezu zu explodieren: Statt 40 Zentimeter ist der Rittersporn jetzt über einen Meter hoch. Und passt gar nicht mehr an den vorgesehenen Platz.

☞ WIR MEINEN DAZU:

Hier ist nichts falsch gemacht worden – Rittersporn wird nun einmal von Natur aus 80 bis 100 Zentimeter hoch, manche Sorten sogar noch höher. Die Staude, die man im vergangenen Jahr so putzig klein gekauft hat, war mit Wuchshemmstoffen behandelt, zum Beispiel mit Hormonen besprüht, um

ein niedriges und kompaktes Pflan-zenwachstum zu erreichen.

Dieses Vorgehen hat ökonomische Gründe. Einmal sollen die Produk-tionskosten so niedrig wie möglich sein. Deshalb will der Gärtner mög-lichst viele Pflanzen auf seine Kultur-fläche stellen können. Für ihn macht es einen großen wirtschaftlichen Unterschied, ob 20, 60 oder noch mehr Pflanzen auf einem Quadrat-meter wachsen. Und es hat mit der Logistik zu tun, einem der teuersten Faktoren im Gartenbau. Es sollen so viele Produkte wie möglich auf einen Lkw passen. Wenn der Produzent die Pflanzen groß werden lässt, wird der Platz knapp. Deshalb werden viele Stauden gestaucht, dann bekommt er einfach die doppelte und dreifache Zahl von Pflanzen auf die Ladefläche.

Der Gelackmeierte ist der Kunde: Er kauft ein Produkt, von dem er glaubt, dass es klein sei und auch klein bleibe, wenn es wieder kommt (wenn es denn wieder kommt), und er kauft es zu einer Zeit, in der es draußen nie und nimmer blühen würde. Das heißt: Die Pflanze hat kaum mehr etwas mit dem zu tun, was der Kunde sich vorstellt.

Gärtnermeister Marco Büttgenbach:

„*Das sind keine Stauden mehr,
sondern Wegwerfbilligobjekte!*"

Der gewiefte Kunde lässt sich diesen „Schrott" nicht andrehen. Er hat einen Plan, wenn er seine Pflanzen kauft. Dabei reicht es nicht, wenn er nur den deutschen Namen der Pflanze kennt. Denn unter diesem ist eine Vielzahl von verschiedenen Sorten mit ganz unterschiedlichen Eigenschaften enthalten. Es gibt zum Beispiel unzählige Nelkensorten, lang wachsende, großblütige, polsterartige, einfarbige, gemusterte. Deshalb ist es wichtig, den botanischen Namen zu kennen, die Sorte, eventuell sogar den Hersteller, wenn man mit ihm bereits gute Erfahrungen gemacht hat. Wer ein Maßliebchen sucht, erntet unter Umständen schiefe Blicke. Anderswo heißt dieselbe Pflanze Tausendschön, und in der Gärtnerei Bellis. Alle drei Namen meinen dasselbe: das Ausdauernde Gänseblümchen *(Bellis perennis)*, die veredelte Schwester des Gänseblümchens.

Die Tipps zum Pflanzenkauf
können Sie hier nachhören:

AM RICHTIGEN PLATZ –

Von Schatten und Licht

Der unbedarfte Gärtner gönnt seinen Pflänzchen lieber das strahlende Sonnenlicht als den düsteren Schatten. Doch Blumen, die den Schatten lieben, verbrennen unter den sengenden Strahlen. Aber wie kann man entscheiden, welche Pflanze wie viel Sonne braucht?

UNERFÜLLTE TRÄUME

Meer, Sonne, Strand, ein kühles Getränk im Liegestuhl genießen – ein bisschen von diesem sommerlichen Urlaubstraum möchte man sich auch gern daheim erschaffen. Was liegt näher, als die mediterrane Pracht mit duftendem Rosmarin und Oregano, mit Olivenbäumchen und Oleander ins Beet oder auf die Terrasse zu holen? Doch der Traum bleibt häufig nur ein Traum. Die prächtigen Exemplare aus der Abteilung „Sonnenliebende Pflanzen" gehen ein. Oder sie weigern sich zu blühen. Oder sie verabschieden sich über den Winter.

☞ WIR MEINEN DAZU:

Wenn Mittelmeerpflanzen kränkeln, fehlt es ihnen an Sonne und Wärme. Heizstrahler und Pflanzenlampe sind aber weder im Staudenbeet noch auf Balkon und Terrasse eine Alternative. Deshalb sollte man schon bei der Pflanzung darauf achten, welcher Standort für welche Arten geeignet ist. Das steht in der Regel auf dem Etikett vermerkt.

Und das verbirgt sich hinter den verschiedenen Bezeichnungen:
Vollsonnig: Hier scheint die Sonne ohne Unterlass. Meistens handelt es sich um die Südseite des Grundstücks. Eignet sich nur für wenige Pflanzenarten, am ehesten für Sukkulenten sowie die meisten Beet- und Balkonpflanzen und auch die neuerdings so beliebten Präriestauden.
Absonnig: Das ist eine Lage ohne Sonne, aber mit genug Licht. Wie beim Nordbalkon, der nicht überdacht ist, wo von oben also kein Schatten kommt. Hier funktioniert mehr, als man denkt, für viele Pflanzen ist das ein guter Standort.
Halbschattig: Ein heller Standort, an dem die Sonneneinstrahlung gebremst ist durch einen Baum. Ebenfalls ein Platz, wo vieles wächst.
Schattig: Hier fehlt nicht nur das Licht. Zum Beispiel in engen Hinterhöfen oder unter ausladenden Bäumen. Das ist einer der schwierigsten Plätze für die Bepflanzung, die Auswahl ist relativ beschränkt.

Gärtnermeister Marco Büttgenbach:

„*Wenn ich gucke, wie es mir selbst an der Stelle geht,
kriege ich eine Ahnung, wie es einer Pflanze hier gehen wird.
Wenn ich mich hier wohlfühle, wird sich die Pflanze
auch gut entwickeln. Wenn es dagegen windig ist
und ungemütlich, eher nicht.*"

UNTER BÄUMEN WÄCHST NIX!

In jedem noch so kleinen Garten muss es einen Schattenplatz geben, idealerweise unter Bäumen. Selbst wenn die Sonne im Zenit steht, bleibt es hier schön kühl. Der perfekte Ort, um im heißen Sommer ein wenig Frische zu tanken. Getreu dem Motto von Gärtnermeister Marco Büttgenbach „Die Pflanze ist auch nur ein Mensch!" müssten sich eigentlich alle Pflanzen an dieser Stelle richtig wohlfühlen und sich herrlich entwickeln. Tun sie aber nicht. Der Lavendel entwickelt lange dünne Triebe, die einjährigen Sommerblumen keimen erst gar nicht.

WIR MEINEN DAZU:

Der Schattenplatz unter Bäumen ist die größte Problemzone in jedem Garten. Hier kommt nur wenig Licht hin, und zu allem Überfluss nehmen die Wurzeln der Bäume der Unterpflanzung auch noch das Wasser weg. Als Faustregel gilt: Die Wurzelmasse in der Erde ist ungefähr so groß wie das, was man oben in der Krone sieht. Besonders schwer haben es die Pflanzen unter Flachwurzlern wie Birke, Fichte und Magnolie.

Eine Möglichkeit, sich trotzdem an Blühendem zu erfreuen, sind früh blühende Polsterstauden. Gut geeignet sind Pflanzen, die für den Steingarten gedacht sind, weil sie wenig Wasser brauchen. Sie blühen als Erste im Frühjahr, wenn die Laubbäume also noch keine Blätter haben. Die Stauden stehen dann im Licht, und erst wenn sie Anfang Mai verblüht sind, kommt der Schatten. Da es sich um regelrechte Hungerkünstler handelt, können sie damit ohne Probleme leben. Auch Zwiebelblumen wie Krokusse oder Traubenhyazinthen gedeihen hier, weil ihre Laub bereits abstirbt, wenn die Blätter an den Bäumen sprießen.

Ein besonderes Problem ist allerdings der Bereich unter Nadelgehölzen, denn er ist nicht nur dunkel und trocken, sondern auch noch sauer, und das mögen Blumen gar nicht. Die einzige Lösung hier: Kompost, Mist oder Mulch einarbeiten, bevor schattenliebende Pflanzen gesetzt werden.

WO PFLANZEN SICH **WILLKOMMEN** FÜHLEN

Auch wenn man es kaum glauben mag: Selbst auf der Nordseite eines Hauses gedeihen viele Pflanzen kräftig.

👉 WIR MEINEN DAZU:

Vor allem Immergrüne fühlen sich auf der Nordseite wohl. Sie haben oft zwar unscheinbare Blüten, aber schönes Laub. Und alle Stauden, deren Ursprung in Waldnähe liegt, wie Ranunkeln oder Anemonen.

WO FAST ALLES GEDEIHT

Wie Süd- und Nordseite einzuschätzen sind, ist jetzt klar. Wie sieht es aber mit Ost- und Westseiten aus?

WIR MEINEN DAZU:

Die sind am besten geeignet für die Anlage von Rabatten. Hier gedeiht fast alles. Aber auch dort, wo die Wachstumsbedingungen nicht ganz so optimal sind, ist noch vieles möglich. Funkien zum Beispiel stehen gern im Schatten. Sie tun sich schwerer in sonnigen oder hellen Flächen, wachsen aber trotzdem, wenn sie genug Wasser bekommen. Das gilt bei Beet- und Balkonpflanzen auch für Knollenbegonien und Fuchsien.

Gärtnermeister Marco Büttgenbach:

„*Das ist wie beim Menschen, der kann auch in der Wüste überleben, wenn er genug Wasser hat.*"

Ähnlich verhält es sich mit Rhododendren. Sie brauchen Wärme, aber auch viel Feuchtigkeit. Azaleen, die aus derselben Pflanzenfamilie stammen, haben kleinere Blätter, deshalb können sie eher Sonne vertragen. Je größer das Blatt und je dunkler das Grün der Blätter, umso dunkler können die Pflanzen stehen, umso eher können sie Schatten vertragen. Und umgekehrt: Je heller das Blatt, umso eher mögen sie die Sonne. Auch Dickblattgewächse wie Fetthenne lieben die Sonne, während Kaukasus-Vergissmeinnicht und Herkulesstaude viel Feuchtigkeit brauchen und deshalb den Schatten bevorzugen.

DUNKLE SCHATTEN ÜBER DEM GEMÜSEBEET

Nichts geht über selbst gezogenes Gemüse. Morgens geerntet, mittags im Kochtopf oder auf dem Teller – gesünder und schmackhafter kann man sich nicht ernähren. Aber leider funktioniert auch im Gemüsebeet nicht alles nach Plan. Die Zucchini blühen nicht, die Möhren sind gerade mal daumengroß, die Tomatenblätter mit Mehltau überzogen.

👉 WIR MEINEN DAZU:

Des Rätsels Lösung: Wahrscheinlich haben sie zu wenig Licht. Fast alle Obst- und Gemüsesorten brauchen sehr viel Sonne, und das gilt nicht nur für die, die aus dem Süden kommen, wie Auberginen, Paprika oder Zucchini. Viele Tomaten sind außerdem so empfindlich, dass sie vor Regen geschützt werden müssen.

Die entscheidende Frage für den richtigen Standort ist also auch hier: Wo kommen die Pflanzen ursprünglich her? Nur wenige Gemüsearten und Kräuter gedeihen im Schatten. Dazu zählen Bärlauch und Waldmeister, und beim Obst Heidel- und Preiselbeeren. Auch heimische Kräuter wie Petersilie, Liebstöckel, Dill oder Schnittlauch stehen gern halbschattig. Aber Licht brauchen sie alle. Denn die Sonne stärkt das Aroma. Ohne Sonne schmeckt die ganze Ernte nicht.

 Gärtnermeister Marco Büttgenbach:

„*Ich habe noch nie von einer schattenverwöhnten Tomate oder einer schattenverwöhnten Erdbeere gehört.*"

KUMMER AUF DER FENSTERBANK

Die Phalaenopsis auf der Fensterbank geht schon nach wenigen Wochen ein. Der Kaktus daneben scheint sich dagegen richtig wohlzufühlen. Auch die Schusterpalme in der Zimmerecke grünt munter vor sich hin. Was mag ausgerechnet bei der Orchidee falsch gelaufen sein?

☞ WIR MEINEN DAZU:

Die Ansprüche von Zimmerpflanzen unterscheiden sich je nach Art und Sorte erheblich. Auch hier kommt es bei der Wahl des richtigen Standortes darauf an zu schauen, woher sie ursprünglich kommen.

Die beliebten Phalaenopsis zum Beispiel sind zwar klassische Tropenpflanzen, lieben also die Wärme, aber sie wachsen auf Bäumen, also im Schatten des Tropenwaldes. Deswegen brauchen sie viel Luftfeuchtigkeit, vertragen aber keine direkte Sonne. Das gilt auch für andere Zimmerpflanzen, zum Beispiel für die, die große grüne Blätter haben. Sie kommen wahrscheinlich aus dem Urwald oder aus dem Unterholz von Wäldern. Dort müssen sie um jeden Lichtstrahl kämpfen. Deshalb können sie auch in der Zimmerecke ohne direkte Sonneneinstrahlung stehen.

23

Ein weiteres Kriterium für den Standort ist die Blühfreudigkeit. Auffällig blühende Zimmerpflanzen benötigen viel Licht. Direkte Sonnenbestrahlung am Südfenster allerdings vertragen auch sie nicht. Hier gedeihen nur tropische Pflanzen, die die Sonne gewöhnt sind, oder mediterrane Gewächse, zum Beispiel solche mit kleinen feinen hellen Blättern.

Klassiker für die Sonnenseite sind auch Kakteen. Ihre Stacheln sind nichts anderes als robuste Blätter, die sich vor Verdunstung schützen und deshalb mit wenig Wasser und viel Licht auskommen.

KUMMER AUF BALKONIEN

Die Geranien im Kasten mickern vor sich hin. Gehen wir davon aus, dass sowohl die Erde in den Kübeln und Kästen als auch die Wasserversorgung stimmen, dann kann das nur eine Ursache haben: Der Balkon liegt die meiste Zeit des Tages im Schatten.

☞ WIR MEINEN DAZU:

Für Balkonpflanzen gilt umso mehr, was bereits vorher über die Gartenpflanzen gesagt wurde.

Gärtnermeister Marco Büttgenbach:
„Im Garten hat die Pflanze die ganze Welt zur Verfügung, im Kasten nur 25 mal 80 Zentimeter."

Nur wenige Balkonpflanzen lieben den Schatten. Dazu zählen Fuchsien, Fleißige Lieschen oder Hortensien. Sie gedeihen zwar auch in der Sonne, brauchen dann aber ganz viel Wasser, und das regelmäßig. Einmal zwei Tage lang bei strahlendem Sommerwetter nicht gegossen zu werden bringt sie um.

Die klassischen Balkonblumen wie Geranien und Petunien freuen sich dagegen über ganz viel Sonne und verzeihen auch mal einen Gießfehler. Sie kommen meist aus dem Süden. Die Blüten öffnen sich häufig erst bei Sonnenschein, und je heller sie stehen, umso besser entwickeln sie sich.

Wenn der Balkon in Südwestrichtung geht, also ständig in der Sonne liegt, und dann auch noch ungeschützt dem Wind ausgesetzt ist, können aber auch sie Probleme machen. Dann hilft nur ununterbrochene Wasserzufuhr. Außerdem müssen sie in eine richtig gute Blumenerde gepflanzt sein – dazu mehr auf Seite 50.

Der Wind sollte übrigens bei der Bepflanzung des Balkons unbedingt beachtet werden. Wenn der nämlich ungeschützt dem Wetter ausgesetzt ist, werden beim ersten Gewittersturm Blüten und ganze Triebe abbrechen. Deshalb sollte man hier auf lang herabhängende Pflanzen verzichten und lieber Sorten wählen, die kompakt wachsen.

Die Tipps zu Licht und Schatten können Sie hier nachhören:

GIESSEN –

Viel hilft nicht viel

Der Kardinalfehler der meisten Hobby-Gärtner: Sie gießen zu viel. Die Blume hat dann nur noch eine Bedeutung, nämlich als „Futter" für den Kompost. Wie viel Wasser braucht eine Pflanze wirklich?

GIESSFEHLER
im Garten

zu VIEL GEGOSSEN

Die Pflanzen im Beet wirken alle irgendwie schlapp. Dabei werden sie jeden Tag gewässert. Nur einmal ist man nicht dazu gekommen, und das ist dann die Quittung!

☞ WIR MEINEN DAZU:

Wahrscheinlich wurde hier nicht zu wenig, sondern zu viel gegossen, so paradox das klingt. Denn wer täglich gießt, gibt Blumen, Sträuchern und Gemüse keine Chance, ein tieferes Wurzelwerk auszubilden. Die Wurzeln bleiben nahe an der Oberfläche. Und das bedeutet: Sie können sich nicht an der Feuchtigkeit bedienen, die im Boden gespeichert ist, sondern sind vielmehr abhängig von den täglichen Wasserspenden. Wenn man dann einmal nicht zum Wässern kommt, trocknen die Wurzeln aus und die Pflanzen werden schlapp. Wenn die Wurzeln dagegen in tiefere Bodenbereiche wachsen können, können sie sich das Wasser dort erschließen und kommen selbst bei großer Trockenheit auch einige Tage ohne Wasser aus. Also besser weniger als mehr gießen!

ZU WENIG GEGOSSEN

Im Sommer, wenn es so richtig heiß ist, kann das schon mal passieren: Die Tomaten lassen die Blätter hängen, die Gurkenblätter wirken schlapp, die Hortensie liegt platt am Boden. Deutliche Zeichen dafür, dass Wasser fehlt.

WIR MEINEN DAZU:

Weil die Blätter ständig Wasser verdunsten, müssen die Wurzeln neues Wasser aus der Erde aufnehmen. Wenn die Pflanze zu wenig Wasser hat, fängt sie an zu welken. Das ist allerdings noch kein Todesurteil, wenn ein bestimmter Punkt noch nicht überschritten ist. Denn in den allermeisten Fällen reicht es, sie zu gießen, damit sie sich schnell wieder erholt.

Wer wissen will, wie viel Wasser benötigt wird, findet in Büchern oder im Internet exakte Angaben. Hinterher ist man allerdings nicht unbedingt klüger. Da ist zum Beispiel zu lesen, dass Gehölze mindestens 20 bis 30 Liter Wasser pro Quadratmeter brauchen würden. Das Gemüsebeet sei dagegen mit 10 bis 15 Liter pro Quadratmeter gut bedient. Andere halten zwei Gießkannen pro Quadratmeter für ideal. Wiederum andere glauben, 14 Liter in einer Woche (!) reichten pro Quadratmeter völlig aus.

Bevor der Hobbygärtner anfängt zu gießen, sollte er nicht nur wissen, wie viel Wasser eine bestimmte Pflanze braucht, sondern auch, ob sie flach oder tief wurzelt. Da die oberste Bodenschicht am schnellsten austrocknet, brauchen Flachwurzler wie Erdbeeren logischerweise mehr Wasser als Tiefwurzler wie Rosen. Und dann kommt es auch noch auf den Boden an: Sandböden können weniger Wasser speichern als lehmige und humose Böden.

Die Beschaffenheit der Pflanzenblätter spielt ebenfalls eine entscheidende Rolle für den Wasserbedarf. Kleine Blätter wie bei der Verbene verdunsten weniger als große; dickfleischige Blätter wie bei der Fetthenne können Feuchtigkeit längere Zeit speichern als dünne; und ledrige, harte Blätter wie bei der Edel-Distel schützen sich selbst vor dem Austrocknen ebenso wie der Silberflaum der Königskerze, der die Sonne reflektiert. Viele dünne und dazu weiche Blätter wie beim Fleißigen Lieschen deuten dagegen auf einen höheren Wasserbedarf hin. Und Pflanzen, deren Frucht vor allem aus Wasser besteht und die schnell eine große Blattmasse produzieren wie Gurken, haben besonders großen Durst.

In der Gartenpraxis sieht allerdings vieles anders aus als in der Gartentheorie. Deshalb sollte man den Messbecher zur Seite legen, das Internet herunterfahren und den gesunden Menschenverstand einschalten. Häufig reicht es, nur mal genauer hinzugucken. Wie tief dringt das Wasser in den Gartenboden ein? Das lässt sich leicht mit dem Spaten prüfen, indem man ein kleines Loch gräbt. Dann sieht man, ob die Erde gut durchfeuchtet ist. Wenn sie bis in zehn Zentimeter Tiefe trocken ist, sollte sehr gründlich gegossen werden.

ZUR FALSCHEN ZEIT GEGOSSEN?

Die Blätter der Zucchinipflanze verfärben sich an den Rändern gelb und braun, die frisch gesetzten Salatpflanzen wirken wie verbrannt. Da meldet sich beim Gärtner das schlechte Gewissen: Die letzte Gießaktion fand mitten am Tag statt, als sich die Sonne im Höchststand befand. Also zu einem Zeitpunkt, zu dem man nie und nimmer gießen sollte. Hilfe! Handelt es sich etwa um Sonnenbrand?

☞ WIR MEINEN DAZU:

Entwarnung: Die Wassertropfen könnten selbst bei glühender Hitze niemals so heiß werden, dass sie das Blatt verbrennen, sie sind vorher längst verdampft. Aber es gibt ein anderes gewichtiges Argument, das gegen das Gießen am Mittag spricht: Es ist reine Verschwendung. In der Mittagshitze verdunsten rund 90 Prozent des Wassers, bevor es überhaupt den Boden erreicht. Am frühen Morgen, dem Zeitpunkt, der sich angeblich am besten für die Gartenbewässerung eignet, sind es aber auch immer noch um die 30 Prozent, die durch flächiges Gießen ungenutzt in die Luft verschwinden. Ansonsten gilt: Wenn die Pflanze Wasser braucht, braucht sie Wasser, da spielt die Uhrzeit keine Rolle.

Gärtnermeister Marco Büttgenbach:

„Das ist so, wie wenn jemand einen Unfall hat und ich sage, ich kann nicht helfen, ich habe kein Desinfektionsspray dabei. Da muss man helfen, da muss man ran! Wenn die nachmittags Durst haben, dann können die nicht bis Sonnenuntergang warten, dann müssen die was kriegen!"

Dass Pflanzen auch im Winter „Durst" haben, wird häufig übersehen. Gerade wenn es draußen frostig wird, gehen eigentlich winterharte immergrüne Kübelpflanzen gerne ein. Nicht etwa, weil sie erfrieren, sondern weil sie zu wenig Wasser haben. Das kann passieren, wenn die Pflanzen im Winter Wasser über die Blätter verdunsten, gleichzeitig die Wurzeln wegen des gefrorenen Bodens aber kein Wasser nachliefern können. Deshalb ist es wichtig, dass Kübelpflanzen feucht in den Frost gehen und in wärmeren Perioden, wenn der Boden auftaut, immer wieder mal gewässert werden.

FALSCH GEPLANT

Die Salatpflanzen, die kurz vor dem Sommerurlaub gesetzt wurden, sind während der Zeit der Abwesenheit nicht etwa zu prächtigen Köpfen herangewachsen, sondern verkümmert.

WIR MEINEN DAZU:

In den ersten beiden Lebenswochen sind alle Pflanzen auf feuchte Entwicklungshilfe angewiesen, weil sie noch wenige Wurzeln ausgebildet haben. Deshalb müssen sie, egal ob Blume, Strauch, Baum oder Gemüse, beim Einpflanzen gut und gründlich gewässert werden. Und in der Folgezeit muss man sich immer wieder vergewissern, dass die Erde schön feucht bleibt. Wenn die Pflanzen genug neue Wurzeln ausgebildet haben, kann man der Gießkanne eine Pause gönnen. Es sei denn, bei der Gartenplanung ist etwas schiefgelaufen.

Gärtnermeister Marco Büttgenbach:

„Wir müssen vor allem nachhelfen,
wenn die Pflanzen nicht saisongerecht gepflanzt werden.
Wenn wir Hortensien beispielsweise im Juni, Juli setzen,
wenn sie am schönsten aussehen und in voller Blüte stehen,
brauchen sie am meisten Wasser. "

Hortensien sind besonders wasserliebende Pflanzen. Wenn sie sich mitten im Hochsommer nach dem Umzug aus dem Glashaus im Gartencenter erst an ihren neuen Standort im Garten gewöhnen müssen, brauchen sie eine Eingliederungshilfe in Form von sehr viel Wasser. Wer die Hortensien dagegen im Herbst oder im Frühjahr setzt, gibt ihnen die Chance, schon vor der Blüte zu verwurzeln, sodass sie mit weniger Gießwasser auskommen. Am besten kombiniert man sie mit anderen wasserliebenden Pflanzen, dazu zählen viele Gräser- und Bambussorten. Das spart Arbeit, weil man dann die durstigen Lieblinge alle auf einem Platz hat und nicht mit der Gießkanne quer durch die Beete laufen muss, um sie einzeln zu verwöhnen.

GERINGER GIESSAUFWAND

Im Gartencenter gibt es Gehölze und Stauden mittlerweile das ganze Jahr über. Aber wann wachsen sie am besten an? Und müssen sie dann weniger gegossen werden?

👉 WIR MEINEN DAZU:

Eine Pflanze gedeiht besonders gut an ihrem neuen Platz, wenn der Pflanz-zeitpunkt auf ihren Lebensrhythmus abgestimmt ist. Deshalb ist es aus gärtnerischer Sicht sinnvoll, alle Pflanzaktionen spätestens im Mai abzuschlie-ßen. Gehölze und Stauden kommen am besten in den Boden, wenn sie im Austreiben begriffen sind. Erst im Oktober/November startet man dann wieder die nächste Pflanzaktion.

Im Herbst sind Gehölze und Rosen dann auch am preiswertesten, vor allem, wenn man zur sogenannten ballierten Ware greift. Bei Ballenware ist der Wurzelballen nicht eingetopft wie in einem Container, sondern in einem Tuch verschnürt. Zum gleichen Zeitpunkt sind auch wurzelnackte Pflanzen auf dem Markt. Auch sie sind wesentlich preiswerter als ihre Artgenossen im Container. Die Wurzeln sollten aber nach dem Herausheben der Pflanzen aus dem Boden immer feucht gehalten werden. Wenn sie eintrocknen, haben sie es schwer beim Anwachsen oder gehen gleich ein. Deshalb sollten sich die Wurzeln vor dem Einpflanzen auch immer ein paar Stunden in einen Eimer Wasser vollsaugen können.

WIRKUNGSVOLL WÄSSERN

Wie kommt das Wasser am besten an die Pflanzen?

☞ WIR MEINEN DAZU:

Mit der Gießkanne lässt sich die Wasserzufuhr am besten dosieren. Das Wasser kommt dann auch dahin, wo es gebraucht wird, nämlich in den Wurzelbereich. Werden dagegen die Blätter beregnet, dann kann das Wasser von der Oberfläche aus gleich wieder verdunsten oder – im schlimmsten Fall – durch die warme Feuchtigkeit Pilze und andere Krankheiten verursachen. Umgekehrt gibt es auch viele Gewächse, die selbst bei größter Sommerhitze nicht gewässert werden müssen. Dazu zählen mediterrane Pflanzen, die leider den Fehler haben, den Winter in unseren Breiten schlecht zu vertragen. Aber auch eine Reihe von einheimischen Pflanzen kommt selbst im Hochsommer gut ohne Bewässerung aus, dazu gehören Edeldistel, Eisenkraut, Fetthenne, Mohn, Sonnenhut oder Schafgarbe. Schon bei der Gestaltung des Gartens kann man also für eine Optimierung der Bewässerung sorgen.

GEWÄSSERT, ABER NICHT GEHACKT

Das Gießwasser bleibt auf der Erde stehen, es bildet Pfützen, zieht also nicht ein. Oder das Wasser fließt sofort ab. Der Boden sieht nach dem Gießen dann genauso trocken aus wie vorher. Also wird immer noch mehr gegossen.

 ## WIR MEINEN DAZU:

Es gilt die Regel: Gut gehackt ist halb gegossen. Wer den Boden regelmäßig auflockert, zerstört die sogenannten Kapillare. Das sind feinste Hohlräume, durch die die gespeicherte Feuchtigkeit aus dem Boden nach oben steigt und dann verdunstet. Die Pflanzen können sie damit nicht mehr nutzen. Durch regelmäßiges Hacken werden die Kapillaren zerstört, die Feuchtigkeit bleibt im Boden erhalten und steht den durstigen Pflanzen zur Verfügung.

Auch das Mulchen der Beete hilft, die Feuchtigkeit im Boden zu halten. Dafür eignen sich zum Beispiel die Häcksel von Zweigen und Ästen geschnittener Stauden und Sträucher oder auch welker Rasenschnitt. Das macht zwar Arbeit, ist für den Boden und die Umwelt aber besser als die ständige Bewässerung. Zumal, wenn man dazu das aufwendig von den Versorgungswerken aufbereitete Trinkwasser benutzt. Regenwasser aufzufangen ist deshalb erste Gärtnerpflicht. Es ist zudem für die Pflanzen verträglicher, weil es kalkfrei ist und es kostet auch kein Geld.

Gärtnermeister Marco Büttgenbach:

„*Wer nur zwei Stunden pro Woche Zeit für seinen Garten hat, sollte sich Kunstblumen anschaffen.*"

GIESSFEHLER
bei Zimmerpflanzen

ZU VIEL GEGOSSEN

Wenn die Blumen auf der Fensterbank oder im Kübel ständig nasse Füße haben, sehen die Blätter bald welk aus, so, als seien sie vertrocknet. Der besorgte Gärtner gießt also noch mehr. Die Folge: Die Pflanze ertrinkt regelrecht. Selbst Topfblumen wie Zyperngras oder Hibiskus, die viel Wasser brauchen, haben nicht gern nasse Füße. Das Ergebnis ist sonst fatal: Die Wurzeln verfaulen, das Ende in der Biotonne ist absehbar.

👉 WIR MEINEN DAZU:

Die Pflanztöpfe sollten unbedingt ein Abflussloch besitzen. Das gilt auch für den Balkonkasten. Hier ist das Abflussloch oft nur vorgebohrt. Vor dem Bepflanzen muss es geöffnet sein, damit das Wasser abfließen kann.

Generell gilt: Keine Pflanze (natürlich mit Ausnahme von Wasserpflanzen) sollte länger als zehn Minuten im Wasser stehen. Dann sollten die Unterteller oder die Übertöpfe geleert werden. Wasserüberschuss führt zu Sauerstoffmangel. Hält er länger an, sterben die Feinwurzeln in Topf und Kübel ab, sie verfaulen. Die Pflanze kann kein mehr Wasser aufnehmen und wird welk, obwohl sie im Wasser steht. Deshalb sollte man für ein paar Tage Abwesenheit von zu Hause auch nicht „vorgießen", also für einen Vorrat an Wasser in Übertopf oder Untersetzer sorgen. Eine Pflanze muss nur dann gegossen werden, wenn sie Wasser braucht.

 Gärtnermeister Marco Büttgenbach:

„Vor dem Training stopft sich ein Sportler ja auch nicht mit Essen und Trinken voll."

ZU **WENIG** GEGOSSEN

Trockenheit kommt bei Topfpflanzen eher selten vor – die meisten leiden an Überwässerung. Das Gegenteil ist also unwahrscheinlich, aber zumindest denkbar: Dass ihnen Wasser fehlt. Dann wirkt die Erde im Topf oder im Kübel staubig oder krümelig, sie löst sich am Rand vom Topf ab. Bei der Finger-probe fühlt sich das Substrat trocken an.

 ## WIR MEINEN DAZU:

Jetzt nicht panisch die ganze Kanne ausgießen! Generell mögen es Kübel- oder Balkonpflanzen nämlich, ab und zu bisschen trocken zu stehen. Das Geheimnis ist: Regelmäßig mäßig zu gießen.

Gärtnermeister Marco Büttgenbach:

„*Eine Pflanze kann es vertragen,
auch mal trocken zu stehen,
aber sie verträgt es nie, wirklich nie,
wenn sie zu nass steht.*"

Die Tipps zum Gießen
können Sie hier nachhören

DÜNGEN –

Futter, richtig dosiert

Wer Schildläuse, Bakterien und Pilze aller Art liebt,
sollte seine Pflanzen mit Dünger verwöhnen. Denn den
Nährstoffschub wissen auch die Schädlinge zu schätzen –
worüber sich die Pflanze wiederum gar nicht freut.
Aber braucht der Garten überhaupt Dünger, und wenn ja,
wie viel? Und wie viel Chemie ist dabei nötig?

HUNGER
im Beet

DA FEHLT DOCH WAS

Die Blätter werden gelb, obwohl es genug geregnet hat, also für Feuchtigkeit gesorgt ist. Und die Zucchini blühen zwar, aber die Früchte bleiben klein und verschrumpeln, bevor sie fingergroß sind.

WIR MEINEN DAZU:

Ein Grund dafür könnte sein: Den Patienten fehlen Nährstoffe, sie müssen gedüngt werden. Andererseits: Wenn Blumen, Sträucher, Bäume und Gemüsepflanzen im Garten stehen, ist das vergleichbar mit dem Aufwachsen in freier Natur. Und die wachsen ja auch ohne fremde Hilfe.

Gärtnermeister Marco Büttgenbach:
„In der Natur wird gar nichts von Menschen gedüngt, da gibt es keine Mangelerscheinungen.“

Aber die Vegetation in der freien Natur unterliegt einem kontinuierlichen Kreislauf. Im Herbst wirft der Apfelbaum Blätter und Früchte ab. Sie verrotten auf dem Boden und sorgen als natürliche Nahrung dafür, dass der Baum im Frühjahr wieder genügend Nährstoffe bekommt, um neue Blätter und Früchte zu bilden. Mangelerscheinungen entstehen erst, wenn die Früchte geerntet und die gefallenen Blätter „entsorgt" werden, wenn der Boden also nicht mehr zurückerhält, was er selbst hervorgebracht hat. Überall da, wo kultiviert wird, wo die Äpfel gepflückt, der Kohl geerntet und die Blumen abgeschnitten werden, überall da muss der Boden also „gefüttert" werden.

Leider sind unsere Gärten aber häufig „überfüttert". Die Stiftung Warentest hat vor Jahren die Qualität von Gartenböden untersucht. Ergebnis: Besonders der Phosphorgehalt der Böden in Nutz- und Ziergärten ist viel zu hoch. Vereinzelt lagen die Werte mehr als vier Mal über dem eigentlichen Bedarf. Auch mit Kalium und Magnesium waren die Böden überversorgt, nur etwa ein Drittel wies den optimalen Gehalt mit diesen beiden Nährstoffen auf.

Überdüngung hemmt den Stoffwechsel der Pflanzen. Zu viel Stickstoff zum Beispiel lässt die Blätter groß und schwammig werden. Auch die Triebe werden lang und blass. Das im Gewebe enthaltene Wasser macht sie empfindlich gegen Kälte. Sie sind für den Winter also nicht gerüstet, weil sie zu viel Dünger bekommen haben.

 Gärtnermeister Marco Büttgenbach:
„*Pflanzen brauchen weniger als wir denken,
in den richtigen Momenten aber ausreichend.*"

DER RICHTIGE MOMENT

Der Biorhythmus von Pflanzen ist überschaubar: Im Winter schlafen die Sommergrünen, die Immergrünen überwintern auf einem niedrigen Niveau. Im Frühjahr wachen sie auf und wachsen, im Sommer blühen sie, im Herbst tragen sie Früchte. Und wenn es beginnt dämmrig zu werden, schlafen sie wieder ein. Jetzt greift der Hobbygärtner gern zum Dünger – die Stauden, Sträucher und Bäume sollen gut versorgt durch die kalten Wintermonate kommen. Aber das ist ein fataler Irrtum.

👉 WIR MEINEN DAZU:

Spätestens ab Oktober brauchen Pflanzen gar nichts mehr. Sie wachsen ja nicht mehr und sollen sich auf eine Ruhephase einstellen. Darüber hinaus nehmen die Pflanzen kaum noch Nährstoffe auf, wenn es kälter wird. In Herbst und Winter zu düngen heißt nur, die Pflanze zu schädigen sowie die Umwelt zu belasten, weil der Dünger in tiefere Erdschichten versickert und im schlimmsten Fall sogar ins Grundwasser gelangt. Das ist Geld aus dem Fenster hinauswerfen!

Erst im März, mit Beginn des Wachstums, wenn die Böden gelockert werden und die ersten Gemüsepflanzen in die Erde kommen, kann gedüngt werden. Und zwar erst kurz vor dem Auspflanzen und Säen, damit der Dünger nicht ausgewaschen wird, bevor er überhaupt wirken kann. Am besten nimmt man von März bis Juli einen stickstoffbetonten Dünger, der für Blätter und Blüten sorgt. Ab August bis zur Ernte empfiehlt sich dagegen bei Kaliummangel ein kalibetonter Dünger, der die Lagerfähigkeit des Gemüses verbessert und bei Stauden die nötige Winterhärte bewirkt.

Beim Vorziehen von Salat, Gemüse oder Sommerblumen auf der Fensterbank sollte auf Dünger ganz verzichtet werden. Dazu nimmt man am besten eine Aussaaterde, die, wenn überhaupt, nur schwach gedüngt ist. Denn das Saatkorn soll, sobald es geplatzt ist, ein ausgedehntes, stabiles Wurzelwerk bilden. Mit einer gedüngten Erde braucht der Sämling das nicht, weil er in der Erde ohne Anstrengung genug Nahrung findet. Wenn die Sämlinge vereinzelt oder pikiert werden, kann man normal gedüngte Erde nehmen, aber auch hier reicht häufig noch die Aussaaterde.

WOHLSTANDSVERWAHRLOSUNG
DURCH SPEZIALDÜNGER

Die Tomaten bekommen den Spezial-Tomaten-Dünger, die Himbeeren den Spezial-Beeren-Dünger, die Rosen den Spezial-Rosen-Dünger, die Rhododendren den Spezial-Rhododendren-Dünger. Das geht ins Geld, aber nichts ist uns lieber und teurer als ein schöner Garten.

 ## WIR MEINEN DAZU:

Wer sich einmal die Mühe macht und die Inhaltsverzeichnisse der ganzen Spezialdünger liest, stellt fest: Es ist überall dasselbe drin.

Gärtnermeister Marco Büttgenbach:
„*Die ganze Spezialisierung ist in fast allen Fällen eine einzige Geldmacherei.* "

Das ist wie bei Reinigungs- oder Waschmitteln: Auch da reicht im Prinzip immer nur eins. Und das Mittel der Wahl sollte im Garten kein mineralischer Dünger sein, sondern einer auf organischer Basis. Es gibt nur wenige Ausnahmen, die eine Sonderbehandlung brauchen. Dazu zählen blaue Hortensien. Diese Farbe entsteht durch die Zugabe von Alaun, allerdings auch nur, wenn die Hortensiensorte sich überhaupt färben lässt. Außerdem setzt die Färbung einen sauren Boden voraus, den ja auch Rhododendren, Azaleen und Kamelien lieben. Kalk sollte man übrigens hier tunlichst nicht ausbringen, weil er den pH-Wert des Bodens erhöht.

KUNST ODER **NATUR?**

Der Gartennachbar mit den dicksten Kohlköpfen, den längsten Möhren und den üppigsten Tomaten schwört auf Blaukorn. Mit diesem Kunstdünger versorgt er seine Saaten und Pflanzen, sobald sie in die Erde kommen. Zwar verbrennt da schon mal das eine oder andere Gewächs, aber daran ist dann angeblich der ausbleibende Regen schuld.

WIR MEINEN DAZU:

Tatsächlich führen mineralische Dünger wie Blaukorn häufig zu Verbrennungen an Wurzeln und Blättern, wenn nach der Düngung nicht ausgiebig gewässert wird. Außerdem enthalten sie schnell wirkenden Stickstoff, der zu raschem Wuchs der Blattmasse führt. Das macht sie gleichzeitig auch anfälliger für Schädlinge aller Art.

 Gärtnermeister Marco Büttgenbach:
„Das ist ähnlich wie bei übergewichtigen Menschen. Auch Pflanzen, die zu üppig sind, werden schneller krank."

Die aufgepeppten Pflanzen sind ein beliebtes Opfer für Raupen, Milben und Läuse. Doch damit nicht genug. Die mineralischen Dünger aus der Chemiefabrik enthalten viele Elemente, mit denen die Böden normalerweise ausreichend versorgt sind. Sie brauchen sie gar nicht.
Die sogenannten Volldünger wie Blaukorn liefern alles: Stickstoff für das Blattwachstum, Phosphor für Blüten und Früchte, Kalium für die Stabilität der Zellen. Zusätzlich Schwefel, Kalzium, Eisen, Magnesium, Zink, also die ganze Palette der Mineralien. Das, was die Pflanzen nicht verwerten, weil sie es nicht brauchen, reichert sich auf Dauer im Boden an. So kommt es zur Überdüngung der Böden. Die überflüssigen Stoffe belasten Bäche und Flüsse sowie das Grundwasser, aus dem unser Trinkwasser gewonnen wird.
Organischer Dünger dagegen wirkt langsam. Seine Inhaltsstoffe müssen erst umgesetzt werden im Boden, damit sie den Pflanzen zur Verfügung stehen.

Deshalb sind Verbrennungen so gut wie ausgeschlossen. Und auch eine Überdüngung findet nicht statt, denn sie enthalten überwiegend fast nur Stickstoff, das Element, das dem Boden entzogen wird, wenn er mit der Erzeugung von grünen Pflanzenteilen beschäftigt ist.

WAS „ORGANISCH" BEDEUTET

Der organische Dünger ist ein Produkt aus der Natur. Nur – woraus besteht er eigentlich?

WIR MEINEN DAZU:

Organischer Dünger hat immer einen pflanzlichen oder tierischen Ursprung, oft entsteht er aus landwirtschaftlichen Abfallprodukten wie Knochenmehl, Zuckerrüben-Melasse oder Sojaschrot. Seine Besonderheit: Er muss erst von Mikroorganismen zersetzt werden, damit den Pflanzen die Nährstoffe zur Verfügung stehen. Und nicht nur das: Organischer Dünger verbessert zusätzlich die Bodenstruktur. Damit der organische Dünger verfügbar ist, müssen die Mikroorganismen aktiv sein. Und das ist nur der Fall, wenn der Boden warm ist und wenn der Dünger leicht in den Boden eingearbeitet wird. Das Risiko der Überdüngung ist also bei organischem Dünger viel geringer als bei mineralischem Dünger.

Die gebräuchlichsten organischen Düngemittel sind:
Hornspäne: Sie werden aus den Hörnern und Hufen von Schlachttieren gewonnen. Sie sind relativ grob, müssen im Boden also erst aufgelöst werden, bevor sie wirken können.
Hornmehl: Das ist fein gemahlenes Horn, das schneller wirkt als die Späne, weil es sich leichter zersetzt. Bei Hornmehl dauert die vollständige Umsetzung etwa sechs Wochen, bei Hornspänen entsprechend länger.

Knochenmehl: Das entsteht durch die Verwendung von Schlachtabfällen und enthält überwiegend Phosphor, der nur in Ausnahmefällen nachgedüngt werden muss.

Tiermist. Er düngt nicht nur, sondern verbessert durch den Strohanteil auch die Bodenstruktur. Er sollte allerdings schon einige Monate abgelagert sein, wenn er ausgebracht wird. Geeignet sind besonders Kuh- und Pferdemist. Schweinemist ist wegen des hohen Phosphatgehaltes nur eingeschränkt empfehlenswert.

Wem die frische Lieferung vom Bauern zu übel riecht, kann auch Pellets aus Mist kaufen. Organische Flüssigdünger basieren meist auf Zuckerrübenmelasse oder Guano. Diese sind für die Pflanzen verfügbar. Ganz umsonst ist dagegen der wertvollste Dünger, den jeder Gärtner selbst herstellen kann – und soll: Kompost.

WENN DER KOMPOST ZUM HIMMEL STINKT

Der Kopfsalat, der geschossen ist, die Kohlblätter, die die Schnecken angefressen haben, das Unkraut, das beim Hacken anfällt, der Rasenschnitt, das Herbstlaub, also praktisch alles, was im Garten anfällt, kommt auf den Abfallhaufen. Natürlich auch die Reste aus der Küche. Leider riecht das Ganze etwas streng. Und zieht zu allem Überfluss auch noch Ungeziefer an.

☞ WIR MEINEN DAZU:

Es scheint kaum etwas Komplizierteres für den Hobbygärtner zu geben als einen Komposthaufen anzulegen. Bei Google erntet das Stichwort „Kompost" mit einem einzigen Klick 20 Millionen Einträge. Zahlreiche Bücher widmen sich der Kunst, Abfall in beste Gartenerde zu verwandeln. Dabei ist nichts einfacher als das: In einer schattigen Ecke des Gartens wird alles gesammelt, was pflanzlichen (!) Ursprung hat. Also keine Hühnerknochen und sowieso auch nichts Gekochtes. Grobes und feines Material wird gemischt. Ab und zu etwas Wasser zugeben, nicht zu viel, der Haufen soll ja nicht faulen, und nach einem halben Jahr kann das, was bereits verrottet ist, aufs Beet und in den Boden eingearbeitet werden. Der Rest wird neu geschichtet und darf noch eine Weile weiterrotten.

Wer will, kann für die Erzeugung von Kompost allerdings auch viel Geld ausgeben. Für einen schicken Kompostbehälter zum Beispiel, der zum Gartendesign passt, oder für Zusätze, die die Verrottung des eingebrachten Materials beschleunigen, oder für die „Impfung" mit Kompostwürmern oder mit Bakterien, die dafür sorgen, dass das „schwarze Gold des Gärtners" schneller zu Verfügung steht. Der Phantasie sind da kaum Grenzen gesetzt. Aber unter dem Strich kommt immer dasselbe heraus: der beste Dünger, mit dem wir unseren Garten verwöhnen können.

Gärtnermeister Marco Büttgenbach:

„*Geben wir der Natur zurück, was wir ihr entnommen haben!*"

BODEN SUCHT HUMUS

Wenn sich das Gemüse oder die Stauden schlecht entwickeln, liegt es natürlich nahe, sie aufzupäppeln, also zu düngen. Doch längst nicht immer sind fehlende Nährstoffe am Kümmern schuld. Oft stehen die Pflanzen auch in einem Boden, für den sie nicht geeignet sind. Zum Beispiel, wenn Rosen auf sandigen Boden gesetzt werden, und das auch noch mitten im Sommer.

Gärtnermeister Marco Büttgenbach:

„*Dann hat man die Baumschule reich gemacht und selbst keine Freude daran.*"

47

WIR MEINEN DAZU:

Sandiger Boden neigt zum Austrocknen, weil Regen- und Gießwasser schnell in tiefere Bodenschichten abziehen. Die Rose, die dort bei strahlendem Sonnenschein und hohen Temperaturen wurzeln soll, wird also höchstwahrscheinlich vertrocknen. Selbst wenn sie morgens, mittags und abends gegossen wird. Deshalb eignet sich Sandboden nur für trockenheitsliebende Pflanzen. Verbessern lässt sich dieser Mangel, indem Kompost eingearbeitet wird und immer dann, wenn die Fläche brach liegt, mit Gründüngung eingesät wird.

Sogenannte schwere Böden, also das Gegenteil vom „leichten" Sandboden, enthalten viel Lehm und Ton, die Feuchtigkeit gut speichern können. Ihre Kehrseite sind Staunässe und Verdichtung, die Wurzeln können sich hier nicht entfalten. Auch diese Böden lassen sich mit Kompost verbessern. In beiden Fällen erhöht der Kompost den Humusanteil im Boden und damit seine Fruchtbarkeit.

Gärtnermeister Marco Büttgenbach
„Es gibt nicht den richtigen oder falschen Boden, sondern nur die falsche Vorgehensweise."

HUNGER
im Balkonkasten

DA BLÜHT NIX!

In den ersten Wochen entfalten sich die Sommerblumen auf dem Balkon prächtig. Aber dann lassen sie nach. Sie werden blühfaul, die Blätter gelb, schießen in die Höhe, kippen auseinander.

☞ WIR MEINEN DAZU:

Die Blumen brauchen dringend Nahrung. Vier Wochen nach dem Einpflanzen sollten Balkonpflanzen zum ersten Mal nachgedüngt werden, auch wenn auf der Verpackung der verwendete Blumenerde etwas anderes steht. Selbst wenn die Pflanzen in der besten aller Erden leben, die mit Langzeit- oder Vorratsdünger aufgepeppt ist: Allerspätestens nach sechs Wochen muss zum Dünger gegriffen werden.

Beim Pflanzen kann man Nahrung in Form von Düngerperlen unter die Erde mischen, auf einen Ein-Meter-Kasten etwa eine Handvoll. Das unterstützt das Wachstum. Später lässt man ihnen schnell wirkenden Flüssigdünger ein- bis zweimal wöchentlich mit dem Gießwasser zukommen.

Nach sechs Monaten, am Ende der Blühzeit, gehört die Erde mitsamt der Blumen auf den Kompost, sie sollte also im nächsten Frühjahr nicht wieder verwendet werden. Sie ist ausgelaugt, weil sie alles gegeben hat. Denn die Saisonpflanzen sollen ja vor allem eins: blühen, blühen, blühen.

Gärtnermeister Marco Büttgenbach:
„*Saisonpflanzen sind Hochleistungspflanzen.*"

49

ALLES ERDE ODER WAS?

Balkonblumen verbringen ihr ganzes Leben in einem Kasten, deshalb brauchen sie eine gute Ernährung. Dafür ist in erster Linie die Erde verantwortlich, in die sie gesetzt sind. Aber worauf kommt es an?

👉 WIR MEINEN DAZU:

Auf dem Markt ist eine fast unüberschaubare Fülle an Angeboten mit höchst unterschiedlichen Preisen. Doch der Preis allein ist nicht das Entscheidende. Es kommt vielmehr auf die Qualität der Erde an, und da gibt es himmelweite Unterschiede. Eine gute Blumenerde muss eine gute Struktur mit vielen Poren für Wasser und Luft aufweisen, schön durchlässig und passend aufgedüngt sein. Bei den billigen Erden geht das schon aus Kostengründen nicht.

Eine Möglichkeit, die Qualität der Erde zu beurteilen, ist ihre Bezeichnung: **Pflanzerde** ist für alle Einsätze geeignet und meist die preiswerteste Erde für Balkon und Kübel. Sie ist wenig gedüngt und eignet sich unter anderem für Zwiebelpflanzen, die ihre Kraft aus ihrem Speicherorgan und nicht aus der Erde nehmen, oder auch für Kräuter, die weniger Dünger mögen.
Blumenerde/Balkonerde ist die richtige Erde für die Balkonpflanzen, die den ganzen Sommer durchblühen sollen und über Monate mit Nährstoffen versorgt werden müssen. Sie ist mit Langzeitdünger-Perlen versetzt, die ihre Nährstoffe nach und nach abgeben. Darin befinden sich Phosphor, Kalium und Stickstoff, also alles, was die Pflanze zum Wachsen braucht.

Kübelpflanzenerde sollte benutzt werden für Pflanzen wie Olivenbäumchen oder Rosen, die ein paar Jahre lang im selben Kübel stehen. Sie enthält viele mineralische Anteile wie Blähschiefer oder Lavagranulat. Die Erde bleibt dadurch länger locker.

Bio-Erde ohne Torf: Die allermeisten Blumenerden enthalten Torf. Das ist aber ökologisch bedenklich. Der Abbau vom Torf zerstört artenreiche Ökosysteme und trägt mit zum Klimawandel bei. Selbst gute Bio-Erden sind allerdings nicht automatisch torffrei, und das hat seinen Grund. Bio-Erden ohne Torf bestehen im wesentlichen aus Holzfasern, Rindenhumus und Kompost. Diese Mischung verlangt Gärtner mit Erfahrung, denn sie verdichtet relativ leicht. Deshalb sollten unerfahrene Gärtner trotz aller ökologischen Bedenken doch besser zu einer Erde mit Torf greifen, dann allerdings darauf achten, dass sie qualitativ hochwertig ist.

Graberde ist für die Verwendung auf dem Friedhof gedacht. Sie ist fast schwarz, weil ihr Mangan und Ruß beigemengt worden sind. Nährstoffe enthält sie allerdings kaum, um das Wachstum von Unkraut auf dem Grab zu hemmen. Deshalb ist sie relativ preiswert, für die Verwendung in Garten und Balkon aber ungeeignet.

Speziell für Kräuter ist gelegentlich der Rat zu lesen, sie in eine wenig gedüngte Erde zu setzen. Angeblich verhindert der Dünger die volle Entwicklung des geschätzten Aromas. Solange diese Kräuter im Kasten oder im Topf wachsen, verfügen sie allerdings nur über einen begrenzten Lebensraum, in dem sie mit ausreichend Erde und Nährstoffen versorgt werden müssen. Deshalb kommt man in diesem Fall um eine gelegentliche Düngergabe nicht herum. Den größten Erfolg hat der Gärtner aber ohnehin, wenn er Gemüse und Kräuter nicht im Kasten lässt, sondern im Garten auspflanzt.

Die Tipps zum Düngen können Sie hier nachhören

UNGEZIEFER BESIEGEN –

Lästlinge und Schädlinge

Über Nacht sind die frisch gesetzten Salatpflanzen einfach verschwunden. Die Rosenblätter sind löchrig wie ein Sieb. Und den Rasen hat der Maulwurf umgepflügt – wie soll Gärtnern da noch Spaß machen?!

LÄSTIGE **KRABBELTIERE**

Plötzlich sind sie da. Wenn im Frühjahr alles grünt und blüht, bevölkern fast über Nacht Millionen von Läusen die frischen Blätter. Die verkrüppeln, rollen sich ein und Blütenknospen fallen ab. Hilft da nur die Giftspritze?!

 Gärtnermeister Marco Büttgenbach:
„*Läuse kommen im Garten so sicher wie das Amen in der Kirche.*"

 ## WIR MEINEN DAZU:

Alles halb so wild – häufig hilft hier schon allein, die Ruhe zu bewahren.

Es gibt über 600 verschiedene Blattlausarten, fast kein Gewächs ist vor ihnen sicher. Sie ernähren sich von dem Saft der Pflanzen, den sie mit ihrem Stechrüssel aus Blättern und Trieben saugen. Das sieht tatsächlich nicht schön aus. Aber es nutzt wenig, die Läuse an der Lieblingsrose zu bekämpfen, wenn

 ein paar Meter weiter größere Bäume und Sträucher stehen, auf die die Läuse geradezu abfahren. Tatsächlich verursachen Läuse selbst keine erheblichen Schäden an der Pflanze. Die größte Gefahr, die von ihnen ausgeht, ist, dass sie einen Virus übertragen. Dagegen kann man wenig bis nichts machen. Die Giftspritze ist deshalb überflüssig, zumal sich Läuse oft schon mithilfe einfacher Mittel bändigen lassen.

Wasser sprühen: Am Anfang reicht es häufig schon, die Pflanzen mit einem harten Wasserstrahl abzuspritzen.
Abstreifen: Sie können die Läuse mit dem Finger abstreifen. Wer sich ekelt, zieht einfach Handschuhe an.

Fressfeinde einladen: Florfliegen, Marienkäfer, Schlupfwespen und Schwebfliegen stehen auf Blattläuse. Ein einziger Marienkäfer frisst angeblich bis zu 150 Blattläuse pro Tag. Deshalb sollten diese Nützlinge im Garten Nistmöglichkeiten erhalten, Totholzhecken aus locker aufgehäuften Ästen zum Beispiel oder Insektenhotels. Wenn Nützlinge in Aktion treten, sind die Blattläuse bald verschwunden, weil sich ihre Fressfeinde umso stärker vermehren, je größer ihr Nahrungsangebot ist. Hilfreich sind auch heimische Wildgehölze, wie Schwarzer Holunder, Wildrosen oder Haselsträucher, die sowohl Insekten als auch Vögeln Unterschlupf und Futter bieten.

Pflanzenbrühe ansetzen: Pflanzenstärkungsmittel können ebenfalls helfen, die Läuseplage einzudämmen. Empfohlen wird zum Beispiel eine Brühe aus Brennnesseln, mit der man die befallenen Pflanzen einsprüht. Auch Rainfarn-Sud soll helfen oder abgekochter Ackerschachtelhalm. Wer sich nicht die Mühe machen will, diese Brühen selbst herzustellen, kann auch fertige biologische Stärkungsmittel kaufen.

Mittel auf biologischer Basis: Auf der Basis von Pyrethrum wirken viele Sprays und Konzentrate, die mit dem Etikett „biologisch" beworben werden und für die Anwendung in Haus und Garten zugelassen sind. Das Gift schädigt die Nervenbahnen der Schädlinge und wirkt deshalb gut gegen Blattläuse, Schmierläuse, Schildläuse, Wollläuse und Weiße Fliegen. Vorausgesetzt, es wird zum richtigen Zeitpunkt angewendet. Wenn die Temperaturen zwischen 20 und 25 Grad liegen, fühlen sich die Läuse am wohlsten und sind am vermehrungsfreudigsten. Dann wirkt das Mittel am besten. Bei Temperaturen unter 15 Grad nützen die Insektizide gar nichts. Leider schont das Gift Nützlinge nicht, und in hohen Konzentrationen sind Vergiftungserscheinungen beim Menschen auch nicht ganz auszuschließen.

Immer wieder zu hören ist die Empfehlung, eine Mischung aus Wasser und Spülmittel oder Spiritus zu verwenden. Davon ist allerdings abzuraten, weil damit chemische Stoffe in die Umwelt gelangen.

 ### Gärtnermeister Marco Büttgenbach:

„*Gegen Läuse vorbeugend spritzen ist, als ob man sich die Nase putzt und am nächsten Morgen erst die Erkältung bekommt.*"

Die einzige Vorbeugung, die wirklich hilft, ist auch die wichtigste Maßnahme gegen Schädlinge und Krankheiten überhaupt: gesunde Pflanzen kaufen, den richtigen Standort wählen und für eine vernünftige Ernährung sorgen.

 ### Gärtnermeister Marco Büttgenbach:

„*Eine gesunde Pflanze, die gesund ernährt wird, ist tausendmal mal weniger empfindlich als eine Pflanze, die an einem gesunden Standort an der falschen Stelle schwach ist.*"

EKLIGE SCHLEIMER

Vor allem morgens, wenn noch die Feuchtigkeit der Nacht nachwirkt, finden sich überall auf Wegen und Beeten die verräterischen Schleimspuren. Sie zeigen: Hier waren Schnecken unterwegs. Sie haben alles gefressen, was ihnen in den Weg kam – den mit Liebe gehätschelten Rittersporn, die selbst ausgesäten Studentenblumen, die Funkien in der Ecke unter dem Kirschbaum. Und auch im Gemüsebeet sind die Folgen ihrer Fressattacken zu sehen. Vom Salat bis zur Möhrensaat sind nur noch Reste übrig.

👉 WIR MEINEN DAZU:

Ein kleiner Trost: Keiner ist vor ihnen gefeit. Man schätzt, dass bis zu 90 Prozent aller Fraßschäden im Garten von der Spanischen Wegschnecke verursacht werden. Das ist eine Schneckenart, die erst seit 50 Jahren bei uns lebt. Weil sie bei uns keine natürlichen Feinde hat, vermehrt sie sich inzwischen explosionsartig.

Die einheimischen Schnecken verursachen dagegen weit weniger Schäden. Angeblich fressen die unter Naturschutz stehenden Weinbergschnecken sogar die Eier der Spanischen Wegschnecke. Auch dem Großen Schnegel wird das nachgesagt. Darauf kann man sich allerdings nicht verlassen. Und so hat jeder Gärtner sein eigenes Rezept, die Spanische Wegschnecke in Schach zu halten.

Absammeln: Besonders hartgesottene Menschen zerschneiden die Schnecken beim Spaziergang durch den Garten mit der Gartenschere. Weniger brutal, aber ebenfalls garantiert tödlich ist die Methode, die Schnecken in einen Topf zu werfen und mit Salz zu bestreuen. Auch kochendes Wasser soll mörderisch wirken.

Bierfallen: Wem vor diesen Methoden graust, kann Bierfallen aufstellen. Der Geruch lockt die Schnecken an, sie kippen in die Falle und ertrinken. Leider wirken die Bierfallen aber wie eine Einladung zur Lokalrunde – der Verlockung erliegen auch die Schnecken in Nachbars Garten, das Problem wird damit nur noch größer.

Kosmetik: Nicht wirklich hilfreich ist auch ein Weg, den die Kosmetikindustrie eingeschlagen hat. Sie verkauft Schneckenschleim als Gesichtscreme (kein Witz!). Sie soll die Haut zarter machen und Falten glätten. Muss man wollen …

Schneckenkorn: Effektiv ist auch der Einsatz von Schneckenkorn. Dabei sollte man allerdings die Herstellerangaben genau beachten. Es gibt verschiedene Wirkstoffe. Für den biologischen Anbau zugelassen ist ein Mittel auf der Basis von Eisen-III-Phosphat, das auch für Haustiere, Igel und Vögel ungefährlich sein soll.

SCHNECKEN VERMEIDEN

Wehret den Anfängen! In diesem Sinne kann man schon einiges unternehmen, damit sich Schnecken nicht breitmachen. Was aber tun, wenn eigentlich schneckenliebende Tiere wie Kröten, Igel und Vögel nichts mehr fressen wollen, weil ihnen der Schleim der Spanischen Wegschnecke zuwider ist?

👉 WIR MEINEN DAZU:

Gelegentlich ist zu lesen und zu hören, dass man schon bei der Gartenplanung auf Schneckenresistenz achten sollte. Besondere Leckerbissen sind für die Tiere zum Beispiel Lupine, Dahlie, Zinnie oder Lilie. Um andere machen sie einen Bogen. Dazu zählen unter anderen Woll-Ziest, Frauenmantel, Nachtkerze, Spornblume und Blutweiderich. Aber leider gibt es keine Garantie, dass die Schnecken sie in Ruhe lassen. Hinzu kommt: Ein schneckenabweisender Garten ist nicht zwangsläufig auch ein schöner Garten …

Gärtnermeister Marco Büttgenbach:
„*Im Garten nur Sachen anzupflanzen, an die die Schnecken nicht drangehen, ist absurd.*"

Schneckenzaun: Bei Gemüse kennen die Schnecken erst recht kein Pardon. Sie fressen fast alles. Nur Tomaten, Zwiebeln, Petersilie und Endivien scheinen sie nicht so gern zu mögen. Wer viel Geld in die Hand nehmen will, kann einen Schneckenzaun um das Gemüsebeet installieren. Er ist in der Regel aus Metall und setzt natürlich voraus, dass sich in dem geschützten Bereich keine einzige Schnecke befindet. Auch Hochbeete werden gelegentlich als Alternative empfohlen.

Platzkontrolle: Viele Schnecken lassen sich auf einen Schlag erledigen, wenn man regelmäßig die Plätze kontrolliert, wo sich Schnecken am wohlsten fühlen und wo sie ihre Eier ablegen. Das kann zum Beispiel unter der Vogeltränke sein oder unter den großen Blättern von Rhabarber und Zucchini. Man kann solche Eiablage-Möglichkeiten auch eigens schaffen, indem man Gehwegplatten mitten in das Beet legt. Später kann man die Eier dann dort absammeln und entsorgen.

KOHL KAPUTT

Der Grünkohl hat große runde Löcher, im Rotkohl finden sich verdächtige schwarze Krümel, die wie Exkremente aussehen, und auf dem Weißkohl tummeln sich dicke, fette Raupen. Die ganze Ernte ist hin!

WIR MEINEN DAZU:

Bei diesen Raupen handelt es sich meistens um die Larven des Großen Kohlweißlings, ein weißer Schmetterling, der sich auf Kohlsorten spezialisiert hat. Wenn die Anzahl der Raupen noch überschaubar ist, lassen sie sich absammeln und entsorgen. Als natürliches Mittel zur Bekämpfung wird gelegentlich geraten, Knoblauch zwischen die Pflanzen zu setzen.

Am besten aber wirkt hier planvolle Vorbeugung, etwa indem bereits die Eigelege auf der Blattunterseite zerdrückt werden.
Schützendes Netz: Über die Kohlpflanzen sollten von Anfang an Kultur-schutznetze gespannt werden. So kann der Kohlweißling keine Eier auf den Blättern ablegen, aus denen sich die gefräßigen Raupen entwickeln.
Mischkultur: Eine andere Möglichkeit ist, Gemüse in Mischkultur anzubauen. Die Gemüsesorten werden also nicht fein säuberlich voneinander getrennt, sondern mit Kräutern und Blumen zusammen gesät und gepflanzt. Das ver-hindert, dass sich Schädlinge ausbreiten, die sich auf bestimmte Pflanzen

spezialisiert haben. Manche Gemüse schützen sich auch untereinander. So soll der Geruch von Lavendel, Salbei, Blattsellerie und Thymian vom Senfölgeruch beim Kohl ablenken.

UNTERIRDISCHE **WÜHLER**

Der Traum vom grünen Teppich ist ausgeträumt. Ein Maulwurf hat den Rasen durchpflügt und innerhalb kürzester Zeit überall braune Erdhaufen aufgeworfen. Selbst im Staudenbeet hat er seine Spuren hinterlassen. Am liebsten würde man ihn erschlagen, erwürgen oder erschießen!

☞ WIR MEINEN DAZU:

Genau das sollte man besser nicht tun – denn Maulwürfe stehen unter Artenschutz. Man darf sie weder einfangen noch jagen, geschweige denn töten. Das kann bis zu 50.000 Euro Strafe kosten. Da helfen nur bekannte Hausmittel. Immer wieder wird empfohlen, Haare, saure Milch und andere stark riechende Essenzen in die Gänge einzubuddeln. Da der Maulwurf geruchsempfindlich ist, bestehen Chancen, dass er sich auf das Grundstück des Nachbarn zurückzieht. Dann kann der sehen, wie er damit fertigwird …

Gleiches gilt für Geräusche, quietschende Windräder zum Beispiel oder leere Flaschen im Boden, die bei Wind einen Ton erzeugen. Maulwürfe sind nämlich lärmempfindlich.

Entsprechende Vergrämungsmittel und -apparate gibt es auch zu kaufen. Mit dem Benzinrasenmäher zweimal die Woche über das Grundstück zu gehen scheint gelegentlich auch zu helfen. Aber Garantien dafür gibt es nicht.

Gärtnermeister Marco Büttgenbach:
„*Manchmal gewinnt man, manchmal verliert man.*"

Als letztes Mittel empfehlen Gartenplaner gelegentlich, ein Gitter unter dem Rasen zu verlegen, das den Maulwurf für mindestens 10 Jahre vertreiben soll. Dafür muss man allerdings tief in die Tasche greifen: Es kostet mindestens 400 Euro für 100 qm Rasenfläche plus neuer Rollrasen plus die Arbeitsstunden vom Fachmann.

Deshalb sollte man aus der Not eine Tugend machen und sich über die Anwesenheit der possierlichen Tierchen im Garten freuen. Denn Maulwürfe fressen Engerlinge, Schnecken und andere Schädlinge. Die lockere Erde von den Maulwurfshügeln kann man gut im Blumenbeet verwenden. Und einen englischen Rasen würde man sowieso nie hinkriegen (siehe Seite 115).

EIN PILZ MACHT KRANK

Die Blätter an der Gurke haben einen weißlichen Belag, die Früchte werden nicht mehr reif. Und die Tomaten sind über Nacht am Strauch gefault. Die Rosenblätter wirken wie verrostet. Ob sie wohl noch zu retten sind?

WIR MEINEN DAZU:

Beim Mehltau auf der Gurke, ob „echt" oder „falsch", den Rostflecken auf der Rose und der Krautfäule an der Tomate handelt es sich um Pilzerkrankungen. Die Biologen kennen rund 10.000 verschiedene pilzliche Pflanzenkrankheiten. Ihre Verbreitung hängt vom Wetter ab. Der „falsche Mehltau" beispielsweise liebt es feucht und warm, der „echte Mehltau" kann auch auftreten, wenn es trocken ist. Hier lässt sich mit ökologisch verträglichen Mitteln wenig machen. Deshalb sollte vorgebeugt werden: indem man resistentere Sorten wählt, nicht zu dicht pflanzt und nur den Boden gießt, nicht die Blätter. Die erkrankten Blätter sollte man unbedingt einsammeln und entsorgen. Die Pilze überwintern sonst auf dem Boden und machen sich im nächsten Jahr garantiert wieder breit. Meistens treten sie aber verstärkt erst ab August/September auf.

Gärtnermeister Marco Büttgenbach:

„ *Wir müssen akzeptieren, dass sich der Pilz am Ende eines Wachstumsjahres durchsetzt.* **"**

Akzeptieren ist sowieso das große Zauberwort im Zusammenhang mit allen Schädlingen und Lästlingen. Das gilt auch für das große Buchsbaumsterben, das regional sehr unterschiedlich um sich greift. Besonders das Rheinland ist stark betroffen. Schuld daran sind gleich zwei Ursachen: ein tierischer Schädling namens Buchsbaumzünsler, der aus Asien eingeschleppt worden ist, und ein spezieller Pilz. Beide lassen sich nur mit großem Aufwand bekämpfen, ohne garantierte Aussicht auf Erfolg.

 Gärtnermeister Marco Büttgenbach:

,, *Der Buchsbaum ist echt bestraft, aber in Kombination mit seinen Schädlingen als Kulturpflanze nicht mehr haltbar.* **"**

Deshalb sollte man sich von den erkrankten Pflanzen verabschieden. Und diese Entwicklung mit demselben Gleichmut betrachten wie die Läuse, Schnecken und Raupen im Garten – als normale Erscheinungen unserer Natur, die wir weder steuern noch kontrollieren können.

Die Tipps zur Schädlingsbekämpfung können Sie hier hören:

UNKRAUT BEKÄMPFEN –

Ohne Bücken geht gar nichts

Die „Lieblinge" des Gartenfreundes sind Quecken, Winden und Giersch. Sie widerstehen jeder Chemiewaffe, die sich im naturnahen Garten ohnehin von selbst verbietet. Aber es gibt Alternativen zu Glyphosat und anderen Herbiziden. Leider sind sie mit Arbeit verbunden.

UNKRAUT VERGEHE!

Jedes Frühjahr dasselbe: Bevor auch nur irgendein Pflänzchen zaghaft sein Köpfchen aus der kalten Erde streckt, hat sich bereits das Unkraut breitgemacht. Der Impuls, jetzt mit der Giftspritze durch die Beete und Rabatte zu gehen, ist schier übermächtig.

☞ WIR MEINEN DAZU:

Auf dem deutschen Markt sind über 200 Pflanzenschutzprodukte zugelassen. Jeder darf sie kaufen und einsetzen. Aber während Profi-Gärtner einen Sachkundenachweis vorlegen müssen, wenn sie für den professionellen Einsatz zugelassene Herbizide einsetzen, kann der Hobbygärtner ungeprüft mit der Chemiekeule anstellen, was er will. Gemeinhin übertreibt er gern.

Die geringen Konzentrationen, die auf der Packung stehen, nimmt Otto Normalverbraucher als unverbindliche Empfehlung. Er verdoppelt oder verdreifacht die angegebenen Mengen. Den richtigen Zeitpunkt für die Spritzung verpasst er auch oft – wenn es regnet oder die Blätter durch den Tau noch nass sind, stimmt die Konzentration sowieso nicht mehr. Über die richtige Temperatur, bei der das Gift am besten wirkt, weiß er in der Regel auch nicht Bescheid. Er spritzt sogar dann, wenn sich das Unkraut gar nicht im Wachstum befindet.

 Gärtnermeister Marco Büttgenbach:
„*Man darf nicht nur auf die Großen schimpfen, man muss bei sich selbst anfangen.*"

Hinzu kommt: Unkrautvernichtungsmittel unterscheiden nicht zwischen „guten" und „bösen" Pflanzen. Das Gift, das dem „bösen" Gänseblümchen den Garaus machen soll, trifft im Blumenbeet auch den „guten" Rittersporn. Am Ende überlebt womöglich das Unkraut, während die teure Staude eingeht. Wir haben uns übrigens dafür entschieden, „Unkraut" auch weiter „Unkraut" zu nennen und nicht „Beikraut" oder „Wildkraut" oder „Gartenbegleitkraut", wie es politisch korrekt auch bezeichnet wird.

Gärtnermeister Marco Büttgenbach:

„*Vollkommen egal, wie man es nennt –*
aber Unkraut stört doch sehr häufig!"

NERVENSÄGEN IN FUGEN

Moos auf den Pflastersteinen und Löwenzahn oder Gänseblümchen in den Fugen der Terrasse sind ein Dorn im Auge jedes ordentlichen Hausbesitzers. Denn kaum sind sie mühselig entfernt, zeigen sie sich schon wieder.

WIR MEINEN DAZU:

In diesem Fall verbietet sich der Einsatz von Chemie von vorneherein. Denn auf versiegelten Flächen wie Terrassen, Gehwegen oder Auffahrten ist der Einsatz von Unkrautvernichtungsmitteln generell verboten. Das gilt auch für die beliebten Hausmittel Salzwasser oder Essig und Essigreiniger, denn die gelten als Pflanzenschutzmittel. Nach dem Pflanzenschutzgesetz von 2012 kann ihre Verwendung auf Pflaster und Wegen bis zu 50.000 Euro kosten.

Gärtnermeister Marco Büttgenbach:

„*Lasst das Zeug weg! Bückt euch,*
das gehört zum Gärtnern dazu."

UNKRAUT LOSWERDEN

An die Stelle chemischer muss also eine andere Form der Unkrautbekämpfung treten. Aber welche?

👉 WIR MEINEN DAZU:

Da gibt's zahlreiche Möglichkeiten. Man muss nur die passende Strategie wählen! Zum Beispiel mit einer Fugenbürste. Sie verfügt über Stahlborsten, ist ungefähr so groß wie eine Nagelbürste und sollte an einem langen Stiel aus robustem Holz sitzen. Damit lässt sich das Unkraut aus den Fugen herausholen, am besten kurz nach einem Regenguss, wenn die Erde locker ist. Das erfordert zwar ein bisschen Kraft, ersetzt aber das Fitnessstudio.

Auch ein Abflammgerät tut gute Dienste. Es wird mit einer Gaskartusche betrieben und funktioniert ähnlich wie ein Bunsenbrenner. Die Flamme zerstört die Zellen im Unkraut, wodurch das Laub oberirdisch abstirbt. Wenn man damit an einer trockenen Thujahecke vorbeigeht, kann die Operation Unkraut-Ex allerdings schnell in einem Desaster enden – die Hecke geht in Flammen auf. Da spielt es dann auch keine Rolle mehr, ob der Löwenzahn überlebt.

Keine dieser Methode wirkt allerdings final. Das Unkraut wird wiederkommen. Aber die genannten Methoden sind zumindest umweltschonend. Und wenn man sie regelmäßig und mit langem Atem anwendet, wird auch das hartnäckigste Kräutlein irgendwann die Waffen strecken. Denn jede Pflanze, auch das Unkraut, lebt über das Grün. Wer also das Grün beseitigt, nimmt ihm die Kraft und damit langfristig auch das Überleben.

Wem das zu viel Aufwand ist, kann das Unkraut mit seinen eigenen Waffen bekämpfen und Pflanzen eigener Wahl in die Fugen säen oder setzen, die das Unkraut verdrängen. Sie sollten trittfest und niedrig wachsend sein, wie Mauerpfeffer, Römische Kamille oder Stachelnüsschen. Im Saatguthandel gibt es spezielle Samenmischungen für die Fugenbegrünung zu kaufen.

GRÜNE PLAGE IM NUTZGARTEN

Auf den Beeten, die im Winter brachlagen, hat sich im Frühjahr eine grüne Schicht von Unkräutern gebildet – das Hirtentäschel neben der Vogelmiere, der Löwenzahn neben dem Franzosenkraut. Am liebsten würde man eine neue dicke Erdschicht darüberlegen, damit diese Katastrophe aus dem Blick verschwindet.

☞ WIR MEINEN DAZU:

Samen können über Jahre im Boden überleben. Sie fangen an zu keimen, sobald sie durch die Bodenbearbeitung nach oben geholt werden. Dagegen richtet auch eine neue Bodenschicht nichts aus. Statt sie zu verfluchen, kann man sich die Unkräuter aber zunutze machen.

Unkräuter gelten als Zeigerpflanzen. Wenn sich Pflanzen von alleine irgendwo ansiedeln, bedeutet dass: Hier haben sie optimale Wachstumsbedingungen. Daraus lernt der aufmerksame Beobachter, wie es um die Qualität des Bodens bestellt ist. Vogelmiere und Löwenzahn fühlen sich zum Beispiel in nährstoffreicher Erde wohl, die viel Stickstoff aufweist. Das sind die besten Voraussetzungen für einen Gemüsegarten oder ein Staudenbeet. Wo sich Sauerampfer und Sauerklee zeigen, hat die Erde einen niedrigen pH-Wert, hier könnte man Rhododendron oder Heidelbeeren pflanzen.

Viele Unkräuter sind auch essbar, manche helfen sogar zu heilen. Aus den jungen Trieben der Brennnessel zum Beispiel wurde früher spinatähnliches Gemüse gekocht; heutzutage werden sie außerdem in Form von Frisch-

pflanzensaft zur Stärkung der Abwehrkräfte empfohlen. Auch Giersch soll sehr schmackhaft sein. Und die Blätter der Gänseblümchen sollen Schmerzen und Juckreiz lindern.

Wer sie nicht essen will, muss sie schuffeln. Die Schuffel ist eine flache Hacke, mit der man durch die oberste Bodenschicht zieht und schiebt.

Dadurch werden Samenunkräuter wie Franzosenkraut oder Vogelmiere von den Wurzeln abgeschnitten und im besten Fall sogar mit der Wurzel herausgezogen. Am erfolgreichsten ist diese Aktion im zeitigen Frühjahr. Denn wenn das Unkraut anfängt zu blühen, sät es sich schon aus, bevor man sich einmal umgedreht hat. Das Wetter sollte trocken und sonnig sein. Das aufgebrachte Unkraut trocknet in der warmen Sonne und stirbt ab. Wenn es dagegen feucht ist, wächst es wieder an, die ganze Arbeit war vergeblich.

Schwieriger ist die Entfernung von Wurzelunkräutern wie Giersch, Quecke oder Ackerwinde. Das macht man am besten zu zweit, ähnlich wie bei der Kartoffelernte. Der eine gräbt den Boden um, der andere greift jeden Ausläufer und jedes noch so kleine Stückchen der Wurzel auf.

Denn das Gemeine an diesen Unkräutern ist: Wenn die tiefen Wurzeln oder Ausläufer nicht vollständig entfernt werden, schlagen die im Boden verbliebenen Reste wieder aus.

Gärtnermeister Marco Büttgenbach:

„*Das ist eine wunderbare partnerschaftliche Arbeit, man kann sie auch Teambuilding nennen.*"

Eine andere Möglichkeit der Unkrautbekämpfung vor allem auf neu anzulegenden Flächen sind Folien, die Wasser durchlassen, aber kein Licht. Da Pflanzen bekanntlich nur von Licht und Wasser leben, wird das Unkraut unter der Plastikhaube irgendwann die Waffen strecken und eingehen.

Ein ganzes Beet mit dieser schwarzen Spezialfolie abzudecken, sieht allerdings nicht hübsch aus, und es dauert auch relativ lange, bis sie ihren Zweck erfüllt hat. Gerade Wurzelunkräuter haben unglückseligerweise ein langes Leben, deshalb dauert es mindestens ein halbes, wenn nicht ein ganzes Jahr, bis alles, was sich darunter befindet, regelrecht platt ist.

GRÜNE PLAGE IM ZIERGARTEN

Der Giersch wächst mitten im üppig gewordenen Sonnenhut. Und auch unter der Ligusterhecke hat er sich breitgemacht. Giersch-Spinat ist zwar gesund, aber so viel kann man gar nicht davon essen, damit er verschwindet.

WIR MEINEN DAZU:

Im Staudenbeet oder unter der Hecke verbieten sich Folien oder großflächiges Umgraben, es sei denn, das Beet wird ganz neu angelegt. Hier hilft nur das Jäten. Um die Wurzeln der Zierpflanzen zu schonen, wird das Unkraut möglichst per Hand herausgezogen.

Bei tief wurzelndem Unkraut empfiehlt sich ein Unkrautstecher, mit dem man an die langen Wurzeln zum Beispiel des Löwenzahns herankommt. Das gelingt am besten, wenn der Boden noch vom Regen aufgeweicht ist. Mit dem Unkrautstecher wird vorsichtig so lange um die Pflanze herum gedreht, bis sich die Wurzel aus dem Boden löst. Wichtig ist es, die ganze Wurzel zu entfernen. Bleibt auch nur ein Teil der Wurzel stecken, treibt der Löwenzahn garantiert wieder aus.

Gärtnermeister Marco Büttgenbach:

„*Bücken ist eine der wichtigsten Arbeiten im Garten. Vor allem bei den Kräutern, die uns richtig auf die Nerven gehen.*"

Eine andere Möglichkeit ist, die hartnäckigen Unkräuter mit ihren eigenen Waffen zu schlagen und den Teufel mit Beelzebub auszutreiben. Dort, wo sie sich breitgemacht haben, kann man wuchsfreudige Stauden pflanzen, die im Frühjahr schnell wachsen. Sie entziehen dem Giersch oder der Quecke das Licht. Damit haben diese Teufelskräuter nur noch geringe Chancen, einem auf die Nerven zu gehen. Wuchsfreudig sind zum Beispiel Storchschnabel, Gilbweiderich, Frauenmantel und Bergenien.

Grundsätzlich gilt: Je mehr Lücken in der Bepflanzung sind, je offener die Erde also ist, desto leichter kann sich das Unkraut ansiedeln. Abgeerntete Gemüsebeete sollten deshalb mit Gründünger eingesät werden, mit Senf, Lupinen oder Bienenweide zum Beispiel. Dadurch verringert sich das Unkraut sichtbar, außerdem verbessert die Aussaat die Bodenqualität.

Im Staudenbeet greifen viele Hobbygärtner gern zu Rindenmulch, um freie Flächen vor Unkraut zu schützen. Das funktioniert aber nur bei den Plagegeistern, die sich versamen, wie Vogelmiere oder Franzosenkraut. Wurzelunkraut wie Giersch dagegen wächst weiter.

Eine gute Alternative zu gekauftem Mulch ist Mulch aus dem eigenen Garten. Der tut mindestens den gleichen Dienst, wenn die Häcksel von kleineren Ästen und Zweigen unter die Stauden gestreut werden.
Auch Bodendecker verhindern die Ansiedlung von krautigem Unkraut. Cotoneaster ist zwar besser als sein Ruf als spießige Grabbepflanzung, denn er zieht Hummeln und Bienen an. Aber er verholzt sehr schnell und bildet damit ein undurchdringliches Geflecht, sodass man, wenn man Pech hat, an das Wurzelunkraut darunter nicht mehr herankommt.

WARUM ÜBERHAUPT UNKRAUT ENTFERNEN

Zugegeben: eine lästerliche Frage. Denn wir wollen ja die liebevoll eingebuddelten und eingesäten Pflanzen in unserem Garten schützen vor der bösen Konkurrenz der Unkräuter, die dem Gemüse und den Stauden das Licht und die Nahrung klauen.

WIR MEINEN DAZU:

Es kommt – wie immer im Leben – auch hier auf die Sichtweise an. Das Jäten und Hacken kann man als lästige Zwangspflicht ansehen. Man kann es aber auch als Meditation betrachten. Im Yogakurs muss man viel Geld dafür bezahlen, wenn man lernen will, sich auf eine einzige Aufgabe zu konzentrieren und dabei immer wieder dieselbe Bewegung zu machen. Im Garten ist das völlig umsonst zu haben.

Außerdem ist ein Garten ist auch ein Stück Natur, in dem sich Vögel, Insekten und andere Wildtiere wohlfühlen sollen. Die brauchen Futterpflanzen, und das sind eben vor allem die Pflanzen, die wir als Unkraut verteufeln. Schmetterlinge wie Kleiner Fuchs, Tagpfauenauge und Admiral lieben Brennnesseln, Wildbienen den Rainfarn, Schwebfliegen die Ringelblumen. Die Insekten wiederum dienen den Vögeln als Futter. Wer einen sauber aufgeräumten, unkrautfreien Garten anstrebt, wird deshalb ökologisch gesehen nichts als eine leblose Wüste ernten.

Die Tipps zur Unkrautbekämpfung können Sie hier nachhören:

SCHNEIDEN –

Immer gut in Form

Der Strauch wächst einem nach drei Jahren schon über den Kopf, also muss die Schere ran. Wie viel einfacher hätte man es, wenn man beim Kauf bereits darauf achtet, wie unterschiedlich Sträucher in die Höhe wachsen. Gut geplant ist halb gewonnen!

NICHTSTUN IST TRUMPF

Zum Ende des Gartenjahres wird gern Hausputz gehalten und alles geschnitten, was stört. Die überhängenden Zweige des Winterjasmins zum Beispiel oder der aus den Fugen geratene Ranunkelstrauch. Und dann wundert man sich, dass die Sträucher im Frühjahr nicht blühen.

Gärtnermeister Marco Büttgenbach:

„*Da muss ich mal meinen Lehrer zitieren:*
Wie verhindere ich den lästigen Ansatz
von Früchten und Blüten?
Ganz einfach: indem ich schneide!"

WIR MEINEN DAZU:

Frühlingsblüher wie Forsythien, Schneeball, Holunder oder Zierjohannisbeeren sollten direkt nach der Blüte geschnitten werden, falls es überhaupt nötig ist. Wenn man sie im Herbst zurückschneidet, entfernt man die Blütenansätze für das kommende Jahr mit. Klar, dass es dann nichts wird mit der Frühlingsblüte!

Auf keinen Fall schneiden sollte man auch das Laub von frühjahrsblühenden Zwiebelpflanzen wie Tulpen, Hyazinthen oder Narzissen. Nur die Blütentriebe sollte man kürzen. Die Zwiebel sammelt durch das Grün des Laubes Kraft für die Blüte im nächsten Jahr. Und dafür hat sie nur wenige Wochen Zeit, denn dann welken ihre Blätter. Wer sie zu früh zurückschneidet, muss damit rechnen, im kommenden Jahr nur kleine, verkrüppelte Tulpen oder Narzissen wiederzufinden, oder Pflanzen, die nur grün sind und nicht blühen. Deshalb sollte das Laub erst entfernt werden, wenn es gelb und eingezogen ist. Dafür braucht man dann auch keine Schere, es kann einfach abgezupft werden, wenn der richtige Zeitpunkt gekommen ist. Das schont zudem die Knolle, denn die Blattansätze verfaulen nicht.

Gärtnermeister Marco Büttgenbach:

„*Die Schere ist der größte Feind der Pflanzen.*"

ORDNUNG MUSS SEIN!

Spätestens ab Ende November gibt es im Garten fast nichts mehr zu tun. Mindestens drei Monate lang wird er so bleiben, wie er sich jetzt präsentiert. Viele Hobbygärtner meinen: Er sollte aufgeräumt sein, weil ja alles seine Ordnung haben muss. Aber das nimmt auch den Schädlingen die Überlebenschance, weil sie nichts mehr zu fressen und keinen Platz zum Überwintern haben.

WIR MEINEN DAZU:

Ein „aufgeräumter" Garten ist alles andere als naturnah. Deshalb gehören spätestens ab November die Gartenscheren gesäubert und gepflegt eingemottet. Naturnahes Gärtnern heißt nämlich auch, im Winter einen Rückzugsraum zu schaffen, in dem Nützlinge wie Igel, Wildbienen, Florfliegen und Co. sich verstecken und wohlfühlen können. Wer alles ratzekahl abschneidet, gibt ihnen keine Chance, sich einzunisten. Aber dafür räumt er den Schädlingen jede Menge Raum ein, sich auszubreiten.

Das große Reinemachen kann vor allem Stauden und Gräser schwächen. Wer die Stängel und Zweige im Herbst abschneidet, setzt das Herz der Pflanzen im Winter ungeschützt dem Frost aus.

Gärtnermeister Marco Büttgenbach:

„*In der Natur schneidet nur der Wind, der Schnee oder der Specht.*"

Abgesehen davon sehen viele Stauden auch im Winter noch attraktiv aus. Sonnenhut, Purpur-Sonnenhut, Edeldistel oder Fetthenne wirken selbst im Verblühen noch attraktiv, und wenn sich Eis und Schnee über die Blüten- und Samenstände legen, verzaubern sie den Garten geradezu. Das erlebt nicht, wer sie im Herbst schon abschneidet. Auch bei Gräsern entgeht einem einiges, wenn man meint, für einen sauberen Garten sorgen zu müssen. Raureif oder Eiskristalle an Stängeln und Ähren schaffen stimmungsvolle Bilder. „Wer seine Stauden schon im November zurückschneidet", sagte der berühmte Staudenzüchter Karl Foerster (1874–1970), „nimmt Schnee und Reif viele Gestaltungsmöglichkeiten."

VERKAHLTE STRÄUCHER

Es gibt viele Sträucher, die geradezu danach schreien, geschnitten zu werden. Dazu zählen Flieder, Forsythie oder Weigelie. In Windeseile werden sie einfach zu groß. Also nichts wie ran an die Schere und auf nachbarschafts- verträgliche anderthalb Meter gekürzt. Aber nach ein paar Jahren treibt der Strauch nur noch oben aus, unten bleiben die Äste nackt, er „verkahlt".

👉 WIR MEINEN DAZU:

Die altbekannte Forsythie wächst nun einmal nicht wie ein klassischer Heckenstrauch und auch nicht wie eine Säulenzypresse. Deshalb sollte man auch erst gar nicht versuchen, sie ihn diese Formen zu pressen. Die Forsythie ist und bleibt ein ausladender Strauch.

Den typischen Wuchs behält sie nur, wenn man ältere Äste „auf Stockansatz" zurückschneidet, wie es in der Fachsprache heißt. Das bedeutet: Man schneidet nicht den ganzen Ast ab, sondern lässt einen Stummel von 10 bis 20 cm über dem Boden stehen. Der Rückschnitt regt den Strauch zum Neuaustrieb von unten an. Die Jungtriebe können nun „durchtreiben" und der Strauch blüht schöner als zuvor. Das ist eine echte Verjüngungskur für ältere Pflanzen. Auch bei Holunder sollte man so vorgehen. Genauso verfährt man auch bei den anderen Ziersträuchern, die im Frühjahr blühen.

VIEL LAUB, ABER WENIG OBST

Wer Apfelbäume hat, muss schneiden. Denn wenn man sie nicht regelmäßig schneidet, vergreisen die Äste, es entstehen weniger Blüten und damit auch weniger Früchte. Also sollte man die Krone in regelmäßigen Abständen auslichten, spätestens alle zwei Jahren. Leider ist das aber einfacher gesagt als getan – manchmal schießen die Apfelbäume nach dem Schnitt ins Laub und bilden weniger Blüten.

👉 WIR MEINEN DAZU:

Apfelbäume, Sauerkirschen und Beerensträucher sind die einzigen Obstgehölze, die geschnitten werden müssen, damit sie guten Ertrag bringen. Alle anderen können, müssen aber nicht. Ausgenommen natürlich, wenn Pflanzenteile krank oder abgestorben sind.

Wichtig ist hier aber unter anderem der richtige Zeitpunkt: Wenn der Apfelbaum nicht mehr stark wachsen soll, darf er nicht im Winter geschnitten werden. Auf den Winterschnitt reagiert er mit starkem Austrieb. Besser ist es, ihn erst im Sommer zu schneiden. Damit entfernt man zwar auch Fruchtansätze, aber die Früchte, die am Baum bleiben, werden dann größer und süßer, die Ernte wird also verbessert. Vermeiden sollte man auf jeden Fall, viele große

Äste gleichzeitig zu kappen, weil dadurch große Wunden entstehen, die von Pilzen und Bakterien besiedelt werden.

Damit sollte an dieser Stelle alles gesagt sein. Der richtige Obstbaumschnitt ist eine Wissenschaft für sich und füllt ganze Bücher. Deshalb empfiehlt es sich, wenn man sich dafür interessiert, ein entsprechendes Seminar zu besuchen, in dem der richtige Schnitt vermittelt wird.

Gärtnermeister Marco Büttgenbach:
„*Der Obstbaumschnitt ist die Königsdisziplin!*"

NICHT SCHNITTFÄHIG

Die Magnolie ist im Laufe der Jahre so ausladend geworden, dass sie den halben Garten verschattet. Und die Zaubernuss im Vorgarten verdeckt inzwischen den Weg zur Haustür. Also wird gesäbelt und geschnitten. Die Folge: Die Magnolie verblutet buchstäblich, die Zaubernuss geht ein.

👉 WIR MEINEN DAZU:

Es gibt tatsächlich Sträucher, die keine größeren Schnitte vertragen. Dazu gehören die sogenannten wertvollen Blütengehölze, wie eben Magnolien, Zaubernuss, verschiedene Schneeballarten oder Japanischer Ahorn. Sie wachsen sehr langsam und sind extrem empfindlich, wenn größere Zweige gekappt werden. Deshalb sollte man, wenn überhaupt, ältere Äste ganz entfernen, also nicht nur die Spitzen schneiden, und das am besten im Spätsommer, wenn sich der Saft aus dem Stamm zurückzuziehen beginnt und der Saftdruck deutlich nachlässt.

DAS RICHTIGE WERKZEUG

Amboss oder Bypass, mit Getriebe oder ohne, Akku oder Motor, mit oder ohne Teleskop – das Angebot an Schneidwerkzeugen für den Garten ist riesig, und für jeden Geldbeutel ist etwas dabei. Wer nichts falsch machen will, stattet sich deshalb mit allem aus, was der Baumarkt zu bieten hat.

👆 WIR MEINEN DAZU:

Ein Hobbygärtner braucht nur zwei, maximal drei Werkzeuge zum Schneiden:

Handschere: Eine gute Gartenschere kostet 30 bis 40 Euro. Da sie aber immer mit dabei ist, zum Entfernen kranker Triebe, Zerschnibbeln von Schnecken, Schneiden von Schnüren oder zum Ernten, sollte sie einem das wert sein. Dummerweise heißt sie „Rosenschere", ist aber nicht nur zum Schneiden für Rosen gedacht, sondern für wirklich alles, was im Garten anfällt. Das Wichtigste ist: Sie muss scharf sein, sonst entstehen neue Verletzungen an der Pflanze.

Astschere: Durch die langen Schenkel der Schere lassen sich an Bäumen und Sträuchern einzelne Äste und Zweige mit einem größeren Durchmesser herausschneiden.

Heckenschere: Falls eine Hecke in Form geschnitten werden muss. Ob Handbetrieb, mit Akku oder Motor, hängt von der körperlichen Fitness, der Größe der Hecke und der eigenen Bequemlichkeit ab – und natürlich von dem Gehölz und seiner Form.

81

WARUM ÜBERHAUPT SCHNEIDEN?

Eine Fichte kann bei guter Pflege 50 Meter hoch werden. Eine Felsenbirne wird 5 Meter hoch und breit, ein Bambus kann bis zu 80 Zentimeter pro Jahr wachsen. Also greift der Eigenheimbesitzer Jahr für Jahr zur Schere und schneidet Bäume und Sträucher auf eine verträgliche Höhe zurück – damit die Terrasse auch mal Sonne bekommt, der Rasen darunter wieder schön grün wird oder die Nachbarn keinen Grund haben, sich über den vielen Schatten von nebenan zu beschweren. Die ästhetischen Folgen scheinen weniger zu stören, auch wenn die abrasierten Bäume wirken, als hätte ein Tornado gewütet.

☞ WIR MEINEN DAZU:

Das Einfachste wäre, den Spaten zu nehmen, die übergroßen Gewächse auszugraben und neue Pflanzen zu kaufen, die für den Standort besser geeignet sind. Das spart auf längere Sicht sehr viel Zeit und Mühe.

Gärtnermeister Marco Büttgenbach:

> „*Wir machen uns große Gedanken über die Sortenauswahl,
> und dann fragt der Kunde: ‚Kann ich das schneiden?'
> Dem würde ich am liebsten die Schere wegnehmen,
> weil da nur Quatsch rauskommt.*"

Noch einfacher ist es, gleich von Anfang an darauf zu achten, die richtigen Bäume und Sträucher zu pflanzen. Wenn die Hecke nur 1,50 Meter hoch werden darf, dann ist eine Fichte wirklich nicht der Baum der Wahl. Und bei der Magnolie, die im Topf einen überschaubaren halben Meter groß ist, sollte man sich darüber im Klaren sein, dass sie nach einigen Jahren den Hausgiebel überragen wird.

Gerade von den beliebtesten Sträuchern wie Forsythien, Weigelien oder Deutzien gibt es viele unterschiedliche Sorten – kriechende, kleinwüchsige, großwüchsige. Die Blüte ist aber immer die gleiche. Deshalb sollte man schon beim Kauf darauf achten, nicht eine der alten Forsythiensorten auszuwählen und dann zu fragen, ob man sie schneiden kann, sondern sich gleich für die Pflanze entscheiden, die nur anderthalb Meter hoch wird. Im Zweifel also besser mal den Gärtner zurate ziehen!

**Die Tipps zum Schnitt
können Sie hier nachhören:**

FORTPFLANZEN –

Mehret euch redlich!

Versuchen Sie es erst gar nicht: Der Kürbis, der aus einem Kern des Vorjahres gezogen wurde, schmeckt scheußlich. Und aus einer Brombeerfrucht will partout keine neue Pflanze wachsen. Wie lassen sich Gemüse, Obst, Sommerblumen und Zierpflanzen am besten vermehren?

NACHWUCHS
im Blumenbeet

EINFACH AUSSÄEN

Die Pfingstrose aus Omas Garten hat einzigartige Blüten. Gern würde man sie auch im eigenen Garten sehen. Also wird die Samenkapsel geerntet und im Frühjahr ausgesät. Doch der Erfolg bleibt aus. Auch die Saat der unermüdlich blühenden Heckenrosen geht im heimischen Garten nicht auf. Also doch wieder die Einheitsware im Baumarkt kaufen?

👉 WIR MEINEN DAZU:

Es gibt neben der Aufzucht aus Samen noch viele andere Möglichkeiten, Nachwuchs im Garten selbst heranzuziehen, zumal diese Methode schnell ihre Grenzen zeigt. Es sind vor allem die einjährigen Sommerblumen, wie Zinnie, Studentenblume, Kapuzinerkresse, Jungfer im Grünen oder Ringelblume, die sich durch Samen fortpflanzen.

Wenn die sich einmal im Garten angesiedelt haben und dort wohlfühlen, tauchen sie im nächsten Jahr automatisch wieder auf. Aus dieser Erfahrung haben Gartenfachleute eine eigene Philosophie entwickelt. Sie nennen es „Blackbox-Gardening", weil man nie genau weiß, was dabei herauskommt. Die sich versamenden Pflanzen gestalten den Garten selbst, indem sie sich den Platz aussuchen, der ihnen gefällt. Dadurch erhält der Garten jedes Jahr ein neues Gesicht. Für den Gärtner bedeutet das natürlich wesentlich weniger Arbeit, weil er nur eingreift, wenn eine Pflanzenart überhandnimmt.

Wer selbst die Regie im Garten behalten will, kann die reifen Blütenstände im Herbst ernten und über den Winter an einem trockenen Ort aufbewahren, um sie dann im Frühjahr gezielt auszusäen. Das Beschriften der Tüten und Gläser nicht vergessen, sonst ist das Chaos groß! Die eigene Samenernte hat den Vorteil, dass man genau weiß, ob die Pflanze für den Boden und den Standort geeignet ist.

Einige Samen können auch direkt nach der Ernte ausgesät werden, das sind vor allem zweijährige Sommerblumen wie Stockrose, Bartnelke oder Fingerhut. Gelegentlich erwachsen aus dem gesammelten Saatgut allerdings Pflanzen, die mit der Mutterpflanze nicht identisch sind, weil sich das Erbgut verschiedener Blüten vermischt hat. Da wachsen dann ein paar gelbe zwischen den orangefarbenen Ringelblumen.

 Gärtnermeister Marco Büttgenbach:
„ *Wenn Bienen fliegen, besuchen sie verschiedene Pflanzen und dann kann immer etwas anderes herauskommen.* "

Oder die selbst gezogenen Blumen verwandeln sich in die Urform der Sorte zurück. Typisch zum Beispiel bei der gefüllten Akelei. Das ist eine veredelte Form, die nicht „samenfest" ist, wie es in der Fachsprache heißt. Aus ihrem Samen kommt meist nur die altbekannte einfache dunkelblaue Blüte heraus.

Nicht samenfest sind auch F1-Hybriden. Das sind besondere Züchtungen, was auf der Saatguttüte immer eigens vermerkt ist.

Deren Samen sind entweder nicht fruchtbar oder sie wachsen zu Pflanzen mit anderen Qualitäten heran, das bedeutet für den Gärtner, dass er jedes Jahr wieder neues Saatgut kaufen muss.

 Gärtnermeister Marco Büttgenbach:

„*Die Temperatur muss stimmen und das Licht muss stimmen. Dann kann sich jeder daran erfreuen, aus eigenem Saatgut etwas zu ziehen.*"

ZEITGEWINN DURCH VORZIEHEN

Viele Blumensaaten müssen vorgezogen werden, weil ihre Entwicklung sehr lange dauert. Klassische Beispiele dafür sind Alyssum, Fleißiges Lieschen oder Männertreu. Aber auch einjährigen Kletterpflanzen wie Wicke, Kapuzinerkresse, Prunkwinde und Schwarzäugige Susanne, die man erst Mitte Mai auspflanzen kann, ermöglicht man einen frühen Start, wenn man sie schon im März in der Wärme aussät.

WIR MEINEN DAZU:

Die eigene Anzucht kostet erheblich weniger als Jungpflanzen, und man kann sich bewusst für Sorten entscheiden, die es nicht zu kaufen gibt. Allerdings ist damit etwas Arbeit verbunden.

Man füllt eine Schale mit Anzuchterde und sät das selbst gezogene oder auch gekaufte Saatgut aus. Es wird mit einer Schicht Erde übersiebt, die doppelt so dick sein soll wie die Samen. Dann kurz und vorsichtig angießen, mit einer Glasplatte abdecken und auf die Fensterbank stellen. Auch ein Minigewächshaus eignet sich selbstverständlich, wichtig ist nur, dass eine hohe Luftfeuchtigkeit herrscht. Je nach Temperatur und Pflanzenart entwickeln sich nach zehn und mehr Tagen Keimlinge. Wenn zwei Blattpaare zu sehen sind, sollte man die Sämlinge „pikieren", also vereinzeln. Der Sämling wird vorsichtig mit einem Pikierstab aus der Schale herausgehoben und in einen kleinen Topf versetzt. Das geht am besten mithilfe eines Stabes. Wenn man keinen Pikierstab dafür anschaffen will, tut es zur Not auch ein Bleistift. Wenn die vereinzelten Pflanzen gut durchwurzelt sind, können sie ausgepflanzt werden.

AUS EINS MACH ZWEI

Es gibt Pflanzen, die entweder schlecht Samen ansetzen oder die nur unter ganz besonderen Bedingungen keimen. Was kann man da machen?

👉 WIR MEINEN DAZU:

Viele Wege führen zu neuen Pflanzen:

Teilen. Für die Pfingstrose ist das Teilen definitiv die bessere Vermehrungsmethode als die Aufzucht aus Samen. Sie wäre viel zu aufwendig, deshalb sollte man sie den Profis überlassen. Der Hobbygärtner greift stattdessen zum Spaten und gräbt eine kräftige Mutterpflanze aus. Die Wurzel durchtrennt er mit dem Spaten. Die abgeteilten Stücke der Wurzel sollten mindestens vier bis fünf Knospen haben, bevor sie an anderer Stelle wieder in die Erde gesetzt werden. Die Blüte lässt dann zwar auf sich warten, weil die Pfingstrose am liebsten für Jahrzehnte an Ort und Stelle bleibt und sich nicht gern versetzen lässt. Aber irgendwann hat sie sich eingelebt und wird wieder blühen.

Diese Methode funktioniert nicht nur bei Pfingstrosen, sondern auch bei Dahlien, Chrysanthemen, Phlox und Lilien. Die Mutterpflanze dankt mit neuer Blühfreude, weil sie damit automatisch verjüngt wird. Der beste Zeitpunkt für die Teilung richtet sich nach der Blütezeit der Pflanze. Bei Frühlings- und Sommerblühern sollte man nach der Blüte den Spaten ansetzen, bei Spätsommerblühern am besten im Frühjahr.

Stecklingsvermehrung.
Diese Methode empfiehlt sich bei vielen Balkonblumen und Zimmerpflanzen, bei Geranien zum Beispiel, bei Oleander oder Gummibaum. Dazu schneidet man den obersten Trieb der Pflanze ab, steckt ihn in einen Topf mit nährstoffarmer Erde, stülpt eine lichtdurchlässige Folie oder eine

Plastikhaube darüber und stellt den Topf ins Warme, allerdings nicht direkt in die Sonne. Die Stecklinge bilden Wurzeln und können zur gegebenen Zeit umgetopft und ins Freie entlassen werden. Bei einigen Sukkulenten reicht auch häufig schon ein einziges Blatt, das in die Erde gesteckt wird und Wurzeln entwickelt. Das funktioniert am besten in der lichtreichen Zeit. Voraussetzung ist auch, dass der Steckling noch keine Blütenansätze hat.

Absenker. Diese Methode funktioniert am besten bei Pflanzen mit langen, biegsamen Zweigen, wie Glyzinien, Clematis und Geißblatt. Auch Brombeeren lassen sich so vermehren. Dazu wählt man einen oder mehrere junge, niedrig wachsende Triebe, die man aber nicht abschneidet, sondern an der Mutterpflanze belässt. Die Triebe legt man auf den Boden, bedeckt ein kleines Stück mit Erde, drückt es leicht an und hält es feucht. Wenn sich an diesem Teilstück Wurzeln gebildet haben, kann es abgeschnitten und an der gewünschten Stelle neu eingepflanzt werden.

NACHWUCHS
im Gemüsebeet

BITTER BIS TÖDLICH

Ein Kürbis enthält unzählige Kerne. An Saatgut fürs nächste Jahr mangelt es also nicht, wenn man diese Kerne trocknet und aufbewahrt. Aber bei der Ernte zeigt sich: Er schmeckt ganz anders als der „Mutterkürbis", einfach nur scheußlich.

☞ WIR MEINEN DAZU:

Im Prinzip kann man auch Gemüse aus eigener Ernte selbst vermehren. Bei Kürbis, Zucchini oder Gurken ist das allerdings riskant. Wenn irgendwo in der Nachbarschaft der Mutterpflanze Zierkürbisse gewachsen sind, können Insekten die Pollen der bitteren Zierkürbisse auf die Pflanze im eigenen Garten übertragen haben. Dann findet eine Rückkreuzung statt, wie es im Fachjargon heißt, die Früchte werden ungenießbar. Gelegentlich machen sogar Gerüchte die Runde, dass das Gemüse giftig sei und zum Tode führen könne. Auf jeden Fall wird es bitter, und schon allein deshalb sollte es nicht verzehrt werden.

Bei anderen Gemüsearten besteht das Problem nicht. Von Hülsenfrüchten zum Beispiel kann man problemlos Saatgut gewinnen. Die Bohnen oder Erbsen bleiben so lange am Strauch, bis die Schoten reif sind, dann lässt man die Kerne trocknen und bewahrt sie trocken auf. Im nächsten Frühjahr können sie dann wieder ausgelegt werden. Auch Tomatensaat aus eigener Ernte ist oft erfolgreich.

Bei Möhren, Salat oder Pastinaken wird das schon schwieriger. Sie blühen erst im zweiten Jahr und bilden dann auch erst Samen. Das heißt: Sie müssten frostfrei überwintern und dann wieder eingesetzt werden, um Saatgut daraus gewinnen zu können. Das ist sehr viel Aufwand für ein kleines bisschen Samen. Deshalb empfiehlt sich hier der Griff zur Samentüte aus dem Fachhandel. Bei Kartoffeln können Krankheiten auftreten, deshalb ist es besser, im nächsten Jahr virusfreie Pflanzkartoffeln zu kaufen, statt einige Knollen aus der eigenen Ernte aufzubewahren.

Ähnlich wie bei Blumen gibt es auch Gemüsearten, deren Vegetation länger dauert als das Klima hierzulande es zulässt. Dazu gehören Tomaten, Paprika, Auberginen und Gurken. Wer sie selbst vorziehen will, statt Jungpflanzen beim Gärtner seines Vertrauens zu kaufen, geht genauso vor, wie auf Seite 88 beschrieben.

Gärtnermeister Marco Büttgenbach:

„Je größer der Garten ist, desto eher lohnt sich es, selbst zu vermehren, weil dabei viel herauskommt. Für kleine Gärten lohnt es sich eher nicht, und für den Balkon schon gar nicht."

SCHÖNHEIT IST NICHT ALLES

Rote, gelbe, lange, kurze, frühe, späte, zuckersüße, lagerfähige – ein einziger Saatgutanbieter hat 22 verschiedene Möhrensorten im Sortiment. Und 20 verschiedene Radieschen. Wer die Qual der Wahl hat, greift nach denen, die am schönsten aussehen.

☞ WIR MEINEN DAZU:

Wenn man sich im Gartencenter, im Baumarkt oder im Internet umschaut, gewinnt man den Eindruck, dass praktisch für jeden noch so ausgefallenen Geschmack das richtige Saatgut bereitstehe. Aber der Eindruck täuscht: Naturschützer schätzen, dass in den letzten hundert Jahren drei Viertel aller bekannten Gemüsesorten verloren gegangen sind. Den Saatgutmarkt teilen wenige multinationale Konzerne unter sich auf. Und die orientieren sich in erster Linie an der Erwerbslandwirtschaft, die auf möglichst große Erträge mit möglichst geringem Aufwand interessiert ist. Schmackhafte Sorten, die an die regionalen Bedingungen angepasst sind, bleiben da auf der Strecke.
Die alten Gemüsesorten sind mitunter nicht resistent gegen Krankheiten, haben aber einen hervorragenden Geschmack. Leider sind einige Samen-züchter darauf gekommen, sich den guten Ruf der alten Sorten zunutze zu machen. Sie verkaufen Saatgut für Tomaten, die zwar die alten Namen

tragen, die aber nicht mehr unter Patentschutz stehen. Deshalb haben sie mit der alten Sorte nichts mehr zu tun. Sie haben genau wie die neuen Sorten eine sehr feste Schale, was zwar dem industriellen Anbau und der Transportfähigkeit dient, aber den Genuss mindert.

Seit einigen Jahren bemühen sich private Vereine darum, die alten Sorten wiederzubeleben. Auch auf Tauschbörsen kann sich jeder Hobbygärtner nach Saatgut umsehen, das nicht dem Kriterium der Profitabilität entspricht, sondern großartigen Geschmack und bunte Artenvielfalt verspricht.

Es muss also nicht immer die Einheitsware aus dem Saatguthandel sein. Aber auch bei der Aussaat kann die falsche Entscheidung fatale Folgen haben.

DER FALSCHE ZEITPUNKT

Endlich wird es wärmer. Mit den ersten Sonnentagen im Frühjahr muss alles raus, was geht. Die Möhren werden gesät, die Bohnen gesetzt und die Gurken gepflanzt. Nach ein paar Wochen aber stellt sich heraus: Die ganze Arbeit war umsonst – nur die Möhren zeigen sich, der Rest der Saat hat sich verkrümelt.

WIR MEINEN DAZU:

Jedes Gemüse folgt eigenen Bedingungen. Einige benötigen Wärme, andere vertragen keine Hitze. (Frühe) Spinat- und Salatsorten zum Beispiel werden, wenn sie zu spät gesät werden, ungenießbar, weil sie schießen, bevor sie ernterreif sind. Deshalb müssen sie früh in die Erde und können dann auch entsprechend früh geerntet werden. Auch bei Radieschen sollte man darauf achten, ob die Sorten für den Frühjahrs- oder Sommeranbau geeignet sind. Normalerweise sind Radieschen Frühjahrsgewächse. Wer sie im Sommer aussät, wird keine Knollen ernten. Es sei denn, die Sorte ist eigens für die warme Saison gezüchtet.

Möhren sind robust. Sie können schon im März gesät werden, aber auch die Juni-Saat verspricht noch gute Ernte. Bohnen dagegen lieben die Wärme und sollten vor Mitte Mai nicht ins Beet. Und sie mögen nicht tief eingegraben werden. Für die Aussaat von Bohnen hatten unsere Ahnen eine einprägsame Regel: Bohnen müssen die Glocken läuten hören.

Wenn das erste Frühjahrsgemüse geerntet ist, die ersten Bohnen, die Früh-
kartoffeln und Kohlrabi schon im Kochtopf gelandet sind, kann eine zweite
Schicht auf den Beeten eingelegt werden für das Herbst- und Wintergemüse.
Fenchel, Feldsalat oder Winterrettich gedeihen noch gut bis zum ersten Frost,
wenn sie im Spätsommer ausgesät werden.

QUÄLENDE ENGE

Nichts einfacher als das: eine Rille ins vorbereitete, gedüngte und unkraut-
freie Beet ziehen, Saatgut einstreuen, festdrücken, mit Erde bedecken, angießen, warten. Doch Möhren, Rote Bete oder Mangold wachsen nur kümmer-
lich, die erhoffte Ernte fällt viel kleiner aus als erwartet.

🖎 WIR MEINEN DAZU:

Wahrscheinlich wurden die Samen zu dicht ausgesät – ein Fehler, den praktisch jeder Anfänger macht. Wenn die Pflanzen zu dicht stehen, behindern
sie sich gegenseitig, sie bleiben klein und schwach. Deshalb muss unbedingt
genügend Abstand zwischen den Pflanzen eingehalten werden. Wie dicht
gesät werden darf, steht auf der Verpackung. Besser aber ist es, noch mehr
Platz zu lassen, damit sich die Pflanzen gut entwickeln können.

Wer sich nicht daran hält, muss ausdünnen, sobald sich die ersten Blättchen zeigen. Einige Gemüsepflanzen vertragen es, umgesetzt zu werden. Dazu gehören Rettiche, Radieschen und Rote Bete. Aber sie gehen nur an, wenn die Wurzel unbeschädigt bleibt. Ausgesprochene Wurzelgemüse wie Möhren, Pastinaken oder Mairüben mögen das gar nicht, sie müssen nach dem Vereinzeln auf dem Kompost entsorgt werden.

Wer diese Verschwendung vermeiden will, sollte also auf hinreichenden Abstand bei der Saat achten. Das geht zum Beispiel mit Saatbändern. Auf dem Vlies ist bereits der richtige Abstand des Saatguts eingehalten. Der Nachteil hier ist allerdings: Wenn das Saatkorn nicht kommt, entsteht eine Lücke in der Reihe. Außerdem sind die Saatbänder doppelt bis dreimal so teuer wie die Saat aus der Tüte.

Die Tipps zur Vermehrung können Sie hier hören:

ERNTEN –

Die Zeit ist reif

Statt der Bohne hat der Gärtner bei der Ernte gleich die gesamte Pflanze in der Hand, wenn er versucht, die Hülse zu rupfen. Ein typischer Fall von Ungeduld. Gelegentlich empfiehlt es sich, mit einem Messer ins Beet zu gehen und das Gemüse schonend zu ernten. Und außerdem: Wie erkennt man überhaupt, wann welches Gemüse erntereif ist?

GRÜN, GELB ODER ROT?

Das junge Paar hat einen Garten übernommen, in dem ein schöner alter Apfelbaum steht. Sie wissen weder, um welche Apfelsorte es sich handelt, noch, wie sie schmeckt. Und sie wissen auch nicht, woran man erkennt, wann die Äpfel geerntet werden können.

WIR MEINEN DAZU:

Das Problem ist klar: Es gibt rund 5000 Apfelsorten. Davon sind einige schon Ende Juli reif, andere erst Anfang November. Die Entscheidung, wann man sie ernten kann, ist aber einfach. Denn es gilt bei Äpfeln wie auch bei Birnen: Sie sind pflückreif, wenn sie sich locker durch eine Drehung samt Stiel vom Zweig lösen lassen. Selbst wenn der Apfel schon schöne rote Bäckchen hat, sollte man ihn weiter reifen lassen, wenn er noch fest am Baum sitzt. Ein weiteres Merkmal, an dem man die Erntereife erkennt: Die Kerne sind braun. Dafür muss man ihn freilich pflücken, aufschneiden und sich das Kerngehäuse ansehen.

Gärtnermeister Marco Büttgenbach:

„*Im Notfall einfach mal reinbeißen – schmeckt er oder schmeckt er nicht?*"

Allerdings gibt es auch Äpfel, die erst einige Zeit lagern müssen, bevor sie ihren vollen Geschmack entwickeln. Das sind meist die Sorten, die spät reif werden. Für sie gilt dieser Rat nur begrenzt.

Die Äpfel nehmen es dem Gärtner nicht übel, wenn sie ein paar Tage über den optimalen Zeitpunkt hinaus am Baum hängen bleiben. Auch Johannisbeeren vertragen das. Aber einige Obstsorten verzeihen die Spätlese nicht. Himbeeren und Erdbeeren müssen geerntet werden, sobald sie reif sind, sonst faulen sie bereits am Strauch.

Wenn man das Obst lagern will, sollte man es bei der Ernte besonders sorgfältig behandeln. Also vorsichtig pflücken und nicht vom Baum herunterschütteln. Es darf keine Druckstellen bekommen. Denn Obst mit Druckstellen verdirbt schneller. Außerdem sollte es bei trockenem Wetter geerntet werden, denn auch das vermindert die Gefahr des Faulens.

Früchte, die am Baum bleiben, also weder geerntet werden noch herunterfallen, entwickeln sich zu sogenannten Fruchtmumien. In diesen vertrockneten Früchten können Pilze überwintern, deshalb sollten sie auf jeden Fall vor der nächsten Blüte entfernt werden. Die Fruchtmumien gehören in den Restmüll und auf keinen Fall auf den Kompost.

ERNTEREIFES GEMÜSE

Beim Nachbarn bleiben die Zucchini so lange am Strauch, bis sie lang und dick sind wie sein Unterarm. Und die Möhren gräbt er erst kurz vor dem ersten Frost aus. Muss man wirklich so lange warten, bis man das leckere Gemüse genießen kann?

WIR MEINEN DAZU:

Bei den allermeisten Gemüsesorten ergibt sich der richtige Zeitpunkt der Ernte von selbst. Kopfsalat ist dann reif, wenn er den sortentypischen Kopf ausgebildet hat, Zuckererbsen werden geerntet, bevor sie Körner gebildet haben, und Tomaten werden gepflückt, wenn sie rot geworden sind.
Bei anderen Gemüsesorten hängt die Ernte vom persönlichen Geschmack ab. Zucchini zum Beispiel schmecken am besten, wenn sie ungefähr so lang sind wie eine Hand. Wenn sie sehr viel größer werden, verlieren sie an Geschmack, bekommen dicke Kerne und eignen sich nur noch für Suppen. Abgesehen davon entwickelt die Pflanze so lange keine weiteren Blüten, bis die alten Früchte abgeschnitten sind. Auch Wurzelgemüse wie Möhren oder Pastinaken können zu jedem Zeitpunkt geerntet werden. Wer sie über den Winter lagern will, sollte sie erst im Herbst ernten.

Bei einigen Pflanzen, bei Gurken, Kürbissen oder Bohnen zum Beispiel, sollten die Früchte übrigens nicht abgezwickt oder abgerupft, sondern mit dem Messer abgeschnitten werden. Sonst besteht die Gefahr, die Pflanze zu verletzen. Bei Bohnen kann es sogar sein, dass man dann den ganzen Strauch in der Hand hält.

Auf den Beeten, die abgeerntet worden sind, kann im Spätsommer wieder neues Gemüse gezogen werden. Dafür eignen sich Porree, Feldsalat, Endivien und Winterspinat. Diese Wintergemüse können noch über die ersten Fröste hinaus geerntet werden.

„WAS DER MENSCH SÄT, WIRD ER ERNTEN"

Vor die Ernte haben die Götter die Saat gesetzt. Und weil die ersten nicht die letzten sein wollen, ziehen ungeduldige Gärtner gern schon Anfang April los, um ihre Gemüse- und Salatpflanzen zu kaufen. Denn wer weiß, ob es Mitte Mai überhaupt noch welche gibt!

👉 WIR MEINEN DAZU:

Kälteempfindliche Gemüsesorten wie Tomaten, Gurken, Paprika, Auberginen oder Gurken sollten frühestens nach den Eisheiligen Mitte Mai ausgepflanzt werden. Es sei denn, es gibt ein Gewächshaus, in dem sie geschützt und frostfrei stehen. Da hinein dürfen sie schon Anfang oder Mitte April. Vorher wäre es sinnlos, denn für ein gesundes Wachstum brauchen sie mehr Licht, als sie dort abbekommen können. Beim Profi-Gärtner wachsen sie immer unter besseren Bedingungen auf.

Deswegen sollte man auch nicht darauf vertrauen, dass die Pflanzen in den Töpfen auf der heimischen Fensterbank schon noch weiterwachsen können. Das Geheimnis des guten Pflanzenwachstums ist nämlich eine schnelle Weiterverarbeitung.

 Gärtnermeister Marco Büttgenbach:
„*Pflanzen, die ich kaufe, lasse ich nicht lange stehen. Ich pflanze sie sofort aus, dann freuen sie sich und wachsen. Besser, als wenn sie lange in ihrem Topf gammeln.*"

Einheimische Gemüsepflanzen wie Kohlrabi, Möhren oder Salate können schon ab Mitte April ins Beet. In Frühbeetkästen oder Folientunneln geht das sogar bereits ab Ende März. Bis August/Anfang September kann dann munter weiter gesät und gepflanzt werden, ab dem Sommer eher mit den klassischen Wintergemüsen.

Bei vielen Gemüsesorten herrscht große Angebotsvielfalt. So bieten gute Gärtnereien Mitte Mai mehrere Dutzend verschiedene Tomatensorten an. Die Preise reichen von 50 Cents bis über 5 Euro – pro Pflanze! Bei den teureren Sorten handelt es sich in der Regel um sogenannte Veredelungen. Auch für Gurken, Auberginen und Paprika werden solche Veredelungen angeboten. Sie sind weitgehend resistent gegen die sortentypischen Krankheiten wie Krautfäule bei Tomaten, Mehltau bei Gurken und das Gurkenmosaikvirus. Und weil sie weniger anfällig sind, ist der Ertrag entsprechend größer.

Gärtnermeister Marco Büttgenbach:

„*Im Supermarkt ist das Gemüse häufig günstiger. Aber man pflanzt Gemüse nicht des Geldes wegen, sondern weil es besser schmeckt!*"

Aber auch die alten Tomatensorten sind mehr als einen Blick wert. Sie haben ein köstliches Aroma, und noch dazu handelt es sich gelegentlich um wilde Sorten, die man nicht ausgeizen muss und die ohne Stützen hervorragende Früchte tragen.

Ein Tipp noch zur Aussaat: Es ist besser, eher kleine Mengen zu säen und kleine Gebinde von Jungpflanzen zu kaufen. Denn wenn 30 Salatköpfe zur gleichen Zeit erntereif werden, stellt sich schnell Überdruss ein. Besser ist es, alle zwei Wochen gleichmäßig kleinere Einheiten nachzuziehen.

HILFE, DER BAUM WÄCHST!

Weil die Familie gern Kirschen nascht, bekommt der Kirschbaum im Reihen-hausgarten einen Ehrenplatz. Nach ein paar Jahren ist dieser Baum aber so groß, dass er fast den gesamten Garten überschattet. Der Baum muss weg!

👉 WIR MEINEN DAZU:

Das Unglück hätte von Anfang an verhindert werden können. Da die Gärten immer kleiner werden, bieten die Baumschulen zunehmend kleinere Bäume an. Auch Kirschbäume werden als sogenannte Spindelbäume veredelt. Sie bilden keine richtigen Kronen, sondern gleichen eher einem Kegel oder einem Tannenbaum. Die Früchte können ohne Leiter geerntet werden. Spindelbäume tragen in der Regel schon im ersten Jahr nach der Pflanzung, während die Ernte beim Hochstamm drei bis fünf Jahre auf sich warten lässt. Wenn der Garten etwas größer ist, könnte auch ein Busch geeignet sein. Auch den kann man noch ohne Leiter abernten. Ein sogenannter Halbstamm hat dagegen schon Baumcharakter und eignet sich für größere Gärten. Er wird immerhin so groß, dass man auch mal einen Liegestuhl darunter stellen kann. Ein Hochstamm ist dagegen am ehesten für Streuobstwiesen geeignet. Weil man an das Obst nur mit der Leiter heranreicht, kommt es hier weniger auf die Ernte an, sondern höchstens auf das Fallobst.

Für Anfänger bestens geeignet ist auch der Anbau von Beeren. Himbeeren zum Beispiel gibt es in unterschiedlichen Sorten, die vom Frühjahr bis in den Herbst reif werden. Auch Sträucher wie Holunder, Schlehen, Kornelkirsche oder die Felsenbirne tragen Früchte, die man hervorragend zu Gelees, Säften oder Chutneys verarbeiten kann. Außerdem sind sie wunderbare Futterstellen für Vögel und Insekten.

Gärtnermeister Marco Büttgenbach:

„Immer auf die Sortenvielfalt achten,
dann hat man viel Spaß und Freude im Garten!"

MORGENS, MITTAGS ODER ABENDS

Selbst angebautes Obst und Gemüse ist lecker und gesund. Natürlich ist es am besten, wenn es vom Beet direkt in den Mund oder in den Kochtopf gelangt. Aber das funktioniert nicht immer. Manchmal liegt ein Tag oder noch mehr zwischen Ernte und Herd. Dann sollte es auch egal sein, wann geerntet wird.

☞ WIR MEINEN DAZU:

Wenn Gemüse und Obst direkt verzehrt werden, spielt es tatsächlich keine Rolle, wann sie geerntet werden. Aber wenn sie auch nur für kurze Zeit gelagert werden, kommt es für den Gehalt an Vitaminen und Mineralien auf die richtige Tageszeit an.

Beerenobst hat morgens am meisten Aroma. Bei Gemüse liegt der beste Erntezeitpunkt eher am Nachmittag. Denn viele Arten reichern über die Nacht Nitrat an. Es wird im Laufe des Tages durch die Einwirkung von Licht wieder abgebaut. Kartoffeln oder Möhren, an denen nach der Ernte noch Erde hängt, sollten vor dem Aufbewahren übrigens nicht gewaschen, sondern nur abgewischt werden. Sonst faulen sie eher. Die Blätter sollten allerdings entfernt werden, weil sich die Früchte dann länger halten.

Äpfel und Birnen, die erst spät reif werden, schmecken besser, wenn sie ein paar Wochen gelagert sind, während die frühreifen Früchte am besten sofort gegessen werden sollten.

AUF KLEINSTEM RAUM

Geranien im Balkonkasten sind praktisch und noch dazu schön. Sie haben nur einen Fehler: Sie sind, ökologisch gesehen, vollkommen nutzlos. Geranien produzieren weder Samen noch Pollen noch Nektar. Auch die anderen gängigen Balkonblumen tragen zur Artenvielfalt bei Insekten kaum etwas bei. Abgesehen davon: Man kann sie auch nicht essen. Aber für Gemüsebeete ist auf Terrasse und Balkon nun mal kein Platz.

WIR MEINEN DAZU:

Für die eigene Ernte findet sich immer ein Platz! Als Behältnis eignet sich alles, was man mit einem Abzugsloch für überschüssiges Gießwasser versehen kann. Sogar alte Schuhe können bepflanzt werden.

Gute Ernte verspricht auch der Anbau direkt im Sack mit der Blumenerde. Die Unterseite sollte mit Löchern versehen werden, damit Wasser abfließen kann. Auf der Oberseite wird die Pflanze in ein größeres Loch gesteckt. Voraussetzung ist allerdings, dass der Balkon genügend Sonne abbekommt.

Beliebt sind Kräuter für den täglichen Gebrauch in der Küche; sie passen sogar auf das Fensterbrett. Zwar sind sie im Beet besser aufgehoben als im Kasten, aber es gibt ein paar Sorten, die sich auch mit den beengten Bedingungen auf dem Balkon zufrieden geben. Dazu gehört Minze, vor allem die Marokkanische Minze. Sie bleibt relativ kompakt und ist sogar winterhart. Vorausgesetzt, sie wird regelmäßig gedüngt, wächst die Pflanze immer weiter. Petersilie gedeiht ebenfalls hervorragend auf dem Balkon. Für Anfänger auch gut geeignet ist Strauchbasilikum. Es ist robuster als das gesäte Basilikum. Und es sieht auch schöner aus, denn es hat je nach Sorte rotes oder grünes Laub. Selbst wenn es blüht, kann dieses Strauchbasilikum noch verarbeitet werden. Außerdem zieht es Schmetterlinge und Bienen an, und man kann sogar einen Strauß daraus binden.

Auch Tomaten sind hervorragend für die Ernte auf dem Balkon geeignet. Die ideale Anfängerpflanze sind allerdings Zucchini. Geeignete Sorten wie die Mini-Zucchini gedeihen schon in einem Fünf-Liter-Kübel, vorausgesetzt, sie werden ausreichend gegossen und können in einer guten Blumenerde starten. Die Ernte fällt zwar nicht so groß aus wie im Garten, aber für ein gelegentliches Mittagessen reicht sie immer.

Und selbst Kartoffeln gedeihen im Kübel oder in Säcken, die nach und nach mit Erde aufgefüllt werden. Die Saatgutlieferanten bieten sogar spezielle Züchtungen für Balkongemüse an, das klein und kompakt bleibt, für Auberginen, Paprika und Gurken zum Beispiel.

Auch in der Vertikalen lässt sich der Balkon bepflanzen, etwa mit Erdbeeren in einer Ampel. Gelegentlich ist der Rat zu lesen, für diesen Zweck „hängende" Erdbeeren zu pflanzen. Aber Achtung:

Gärtnermeister Marco Büttgenbach:

„Das ist Humbug, jede Erdbeere, die nichts zum Klettern und lange Ranken hat, die hängt automatisch."

Ideal sind die sogenannten Monatserdbeeren, weil sie lange Ranken haben. Sogar Obstbäume gedeihen auf Balkon und Terrasse. Es gibt Zwergobstbäume zu kaufen, die in einen Zehn-Liter-Topf passen. Auch hier wird die Erntemenge eher bescheiden sein, aber sie wird allemal reichen, um den Kindern zu zeigen, wie Natur funktioniert. So kann aus dem langweiligen Geranien-Einerlei ein kleiner Bauerngarten werden, der nicht nur Insekten und Vögel erfreut, sondern auch den Koch oder die Köchin am eigenen Herd.

Die Tipps zur Erntereife können Sie hier nachhören:

IMMERGRÜN –

Von dunklen Wänden und leblosen Teppichen

Als Sichtschutz geplant, wächst die Hecke nach Jahren zu einer undurchdringlichen Mauer heran. Und auch der Rasen sorgt für Kummer. Ein Schmuckstück sollte er sein. Aber jetzt machen sich Moospolster breit, Gänseblümchen, Klee und Löwenzahn übernehmen die Herrschaft.

DIE EINFRIEDUNG ALS ÄRGERNIS

Die Thujahecke rund um das Grundstück ist drei Meter hoch. Ein perfekter Sichtschutz gegenüber den ungeliebten Nachbarn. Aber der grüne Grenzwall lässt den eigenen Garten für den größten Teil des Jahres im Schatten liegen. Und die dicken Wurzelausläufer der Lebensbäume verhindern, dass hier noch etwas anderes wächst.

WIR MEINEN DAZU:

Und wahrscheinlich ärgern sich auch die Nachbarn über diesen Schutzwall, der ihnen das Licht und den freien Ausblick nimmt. Rein rechtlich sind sie dagegen machtlos, sofern die Hecke gemäß der ortsüblichen Vorschriften gepflanzt wurde. Und dennoch ist die „Einfriedung" einer der häufigsten Gründe für Unfrieden.

Warum nimmt man diesen Ärger in Kauf? Darauf gibt es viele Antworten. Zum Beispiel, dass doch klar sein muss, wo die Grenze verläuft. Oder dass man sich vor neugierigen Blicken schützen will. Oder dass man auch im Winter Grünes sehen will. Oder dass Immergrünes weniger Arbeit macht. Was auch immer dahintersteckt, eins ist klar: Wer andere derart aussperrt, sperrt sich selbst ein. Und lebt in einem grünen Gefängnis. Eine Entscheidung, die jeder Gartenbesitzer für sich selber treffen muss. Genauso wie die Entscheidung für oder gegen bestimmte Heckensträucher.

Gärtnermeister Marco Büttgenbach:

„*Da kaufen sich die Leute für viel Geld ein großes Grundstück, lassen sich vom Möbelhändler eine teure Küche und ein repräsentatives Wohnzimmer einrichten, aber ‚Draußen machen wir es selbst!' heißt es dann, und damit beginnt das Dilemma.*"

Am beliebtesten scheint nach wie vor die Thuja zu sein. Und das hat einen einleuchtenden Grund. Die Thuja ist unschlagbar billig. Eine Pflanze ist schon für wenige Euro zu haben, während eine Eibenpflanze derselben Größe das Fünffache kosten kann.

Für die Thuja wird auch immer das Argument genannt, als immergrüne Hecke biete sie Vögeln und Insekten Unterschlupf. Aber das ist ein Irrtum. „Thuja kommt direkt hinter Beton, und auf dem siedeln sich wenigstens noch Moose und Flechten an!", sagen Naturschützer. Der Thujastrauch ist ökologisch wertlos, weil er keinerlei Nahrung für die Tierwelt bietet.

Ein drittes Argument für die Thuja ist, dass sie sich gut schneiden lässt. Leider verkahlt sie aber auch sehr schnell, ihre Lebensdauer ist daher begrenzt. Aber nicht nur aus diesem Grund …

Gärtnermeister Marco Büttgenbach:

„*Wenn man in der Nähe einer Thujahecke grillt, geht sie schnell in Flammen auf!*"

Als Alternative galten eine Zeitlang blaue Säulenzypressen, die ebenfalls günstig zu haben sind. Sie wurden vor allem aus Holland importiert, wo sie gerodet wurden und dann als wurzelnackte Pflanzen in deutschen Baumärkten landeten. Leider ging aufgrund dieser rabiaten Erntemethode jede zweite nach der Pflanzung einfach kaputt. Diese Erfahrung hat ihrer Beliebtheit sehr geschadet.

Beliebt als Heckenpflanze ist nach wie vor dagegen der Kirschlorbeer, allerdings ebenfalls eine ökologisch wertlose Pflanze. Der Naturschutzbund Deutschland (NABU) geht sogar so weit, die Pflanzung von Kirschlorbeerhecken als „Verbrechen an der Natur" zu bezeichnen. Außerdem sind sie sehr pflegeaufwendig. Sie sollten nicht mit einer elektrischen Heckenschere geschnitten werden. Denn dann teilt man die dicken ledrigen Blätter, ihre Reste bleiben braun am Ast hängen. Deshalb müssen Kirschlorbeerhecken mit der Hand geschnitten werden.

Gärtnermeister Marco Büttgenbach:
„Keiner macht sich beim Kauf klar, wie groß die Dinger werden."

Neuerdings in Mode gekommen sind zwei weitere Heckenpflanzen, die Glanzmispel und die Stechpalme 'Heckenfee'. Auch sie gehören zu den Immergrünen, und auch sie tragen zum naturnahen Gärtnern nicht gerade bei. Denn eins sollte man sich immer wieder vor Augen halten: Deutschland

ist nicht immergrün. Es gibt nur ganz wenige einheimische Gewächse, die im Winter grün bleiben, vor allem Eibe und Ilex.

Außerdem stellt sich die Frage, wozu man in der kalten Jahreszeit überhaupt Sichtschutz braucht. Bei Eis und Schnee hält sich doch keiner gern im Garten auf! Wem trotzdem daran gelegen ist, nicht gesehen zu werden, der kann sich für eine Hainbuchenhecke entscheiden. Ihre Blätter färben sich zwar im Herbst braun, fallen aber erst mit dem Neuaustrieb im Frühling ab, bleiben also im Winter an der Hecke, sodass niemand rein- oder rausschauen kann.

EINE GRÜNE WAND MIT LÖCHERN

Die Hecke soll von Anfang an ihren Zweck erfüllen. Also greift der Gartenneuling tief ins Portemonnaie und kauft viele große Pflanzen, die er rund um das Gartengrundstück mühsam eingräbt. Umso größer ist der Schock, wenn einige Heckenpflanzen eingehen und sich Löcher im Grenzschutz bilden.

👉 WIR MEINEN DAZU:

Wichtig ist, den richtigen Zeitpunkt für die Pflanzung zu wählen. Zwar bieten Baumärkte und Gartencenter das ganze Jahr über Heckenpflanzen in Töpfen an, aber wenn man sie im Frühjahr und Sommer pflanzt, muss man ständig gießen. Am besten geeignet für die Pflanzung ist der Oktober. Dann hat die Pflanze das Wachstum eingestellt und der Boden ist noch warm, es gibt genug Regen, die Pflanzen können einwurzeln, bevor es frostig wird, und im April können sie sofort anfangen zu wachsen. Mit ein bisschen organischem Dünger bleiben sie dann sich selbst überlassen, abgesehen von ein paar Gießkannen Wasser, wenn der Sommer sehr trocken sein sollte.
Es müssen auch keine großen Pflanzen sein. Es reichen Topfgrößen von 17 bis 25 Zentimeter. Selbst wer zu diesen preiswerteren kleinen Pflanzen greift, wird in zwei, spätestens drei Jahren eine dichte Hecke haben, auch wenn sie am Anfang löchrig aussehen mag. Deshalb sollte man bei diesen kleinen Gewächsen den gleichen Abstand einhalten wie bei größeren Sträuchern, denn sie werden die Lücken bald schließen. Geduld zahlt sich hier also buchstäblich aus.
Der Abstand zwischen den einzelnen Pflanzen richtet sich nach der Sorte. Die Sträucher brauchen einen bestimmten Standraum zum Anwachsen, deshalb sollten sie nicht zu eng gepflanzt werden. Wenn sie zu dicht stehen, behindern sie sich gegenseitig. Wer trotzdem eng auf eng pflanzt, weil die Hecke von Anfang an dicht sein soll, nimmt in Kauf, dass einige der teuer bezahlten Sträucher eingehen. Oder er reißt nach ein paar Jahren die überzähligen Pflanzen wieder aus.

Gärtnermeister Marco Büttgenbach:

„*Mit der Ungeduld der Kunden und ihrer Bereitschaft, Geld auszugeben, beginnt das große Geldverdienen der Gärtner.*"

Schöner und natürlicher wirkt die Hecke, wenn sie nicht in schnurgerader Linie sondern locker versetzt gepflanzt wird. Dafür bildet man zwei Reihen mit jeweils einem Meter Abstand. Die Pflanzen werden dann in diesen Reihen abwechselnd jeweils mittig platziert, sodass eine Art Zickzackmuster entsteht.

Noch schöner wird die Hecke, wenn man kein eintöniges Immergrün pflanzt, sondern verschiedene Gehölze mischt, also Sträucher, die blühen, Sträucher, die durch besondere Wuchsformen auffallen, und Sträucher, deren Laub und Holz sich im Herbst besonders apart färbt. Solche abwechslungsreichen Hecken sind nicht nur attraktiver, sie sind für den Natur- und Artenschutz auch besonders wertvoll.

AUßER FORM GERATEN

Im späten Frühjahr und im frühen Herbst bietet sich in allen Kleingarten-anlagen und Reihenhaussiedlungen dasselbe Bild. Mit schweren Sägen und Scheren bewaffnet, säbelt der Herr des Hauses auf einer wackligen Leiter stehend an der Hecke herum. Eine schweißtreibende Arbeit, auch wenn Benzin- oder Elektromotoren dabei helfen.

☞ WIR MEINEN DAZU:

Schon vor der Pflanzung sollte man für sich klären, wie viel Arbeit die Hecke machen darf. Einige Heckenpflanzen wachsen so schnell, dass sie mehrfach im Jahr geschnitten werden müssen, um die Form zu behalten. Dazu zählen Liguster, Hainbuche, Kirschlorbeer und Thuja. Langsamer wachsen dagegen Eibe und Ilex, sie müssen höchstens einmal im Jahr gestutzt werden.

Eibe und Ilex sind in unterschiedlichen Arten und Sorten im Handel erhält-lich; man sollte also darauf achten, dass die jeweiligen Pflanzen für Hecken geeignet sind. Eiben sind übrigens die einzigen Pflanzen, die unter großen Bäumen wachsen. Selbst mit dem Tropfenfall nach Regen kommen sie zurecht, andere Gehölze gehen dadurch in der Regel ein.

Das Wichtigste beim Schnitt einer Hecke ist die richtige Form. Häufig sind Hecken zu sehen, die nach oben hin breiter werden. Das ist im Laufe der Jahre quasi ihr Todesurteil. Eine Hecke sollte oben immer schmaler als unten sein, also wie ein Trapez aussehen. So bekommt auch der untere Teil genügend Licht, die Hecke verkahlt weniger schnell. Und sollte es tatsächlich mal wieder einen richtigen Winter geben und schneien, dann kann der Schnee auch besser seitlich abgleiten, die Hecke wird nicht auseinandergedrückt.

Richtig teuer kann es werden, wenn man die Hecke zum falschen Zeitpunkt schneidet: Zwischen 1. März und 30. September dürfen Hecken nicht zerstört oder stark geschnitten werden. Dadurch sollen die Vögel geschützt werden, die in den Hecken ihre Nester gebaut haben und den Nachwuchs aufziehen. Wer das Verbot missachtet, begeht eine Ordnungswidrigkeit. Und die kann nach dem Bundesnaturschutzgesetz mit einem Bußgeld von bis zu 50.000 Euro bestraft werden. Die strengen Strafen gelten allerdings nur für die Rodung der Hecken. Ungestraft bleibt, wer sie stutzt, formt und pflegt. Das ist jederzeit möglich, sollte aber auch erst erfolgen, wenn man sich vergewissert hat, dass keine Vögel in der Hecke nisten. Naturschützer empfehlen deshalb, mit dem Heckenschnitt so lange wie möglich zu warten. Ab Ende Juli dürften die Jungvögel flügge sein.

DER LANGE WEG ZUM GRÜNEN TEPPICH

Zur immergrünen Hecke gehört selbstverständlich der immergrüne Rasen. Also wird, sobald das Haus steht und bewohnbar gemacht ist, der Boden im Garten planiert und der Rasen ausgesät. Leider geht der Rasensamen aber nur spärlich an, es bilden sich große, hässliche Löcher.

☞ WIR MEINEN DAZU:

Die Fläche rund um ein neu gebautes Haus ist meistens extrem verdichtet. Lkw sind darüber gefahren, Steine wurden gelagert, mit anderen Worten: Hier kann kein Wasser in die Erde eindringen oder ablaufen, die Humusschicht ist platt gedrückt oder erst gar nicht vorhanden, weil der Erdaushub des Kellers obendrauf liegt. Deshalb muss der Gartenboden zuerst einmal mit Humus versorgt werden, und das braucht Zeit.

Am Anfang steht eine tiefgründige Bodenlockerung, die je nach Größe des Grundstücks und Ausmaß der Verdichtung allein mit Muskelkraft kaum zu schaffen ist. Dann wird Gründüngung gesät und später eingearbeitet, und erst wenn der so vorbereitete Boden gehackt und gefräst ist, kann der Rasen gesät werden. Der ideale Zeitpunkt dafür ist der April.

Rollrasen geht zwar immer, ist aber sehr viel teurer. Außerdem hat man selbst mit dem Rollrasen keine Anwuchsgarantie.

Unter Bäumen ist es schwierig, einen Rasen anzulegen. Der sogenannte Schattenrasen stellt dabei nicht wirklich eine Alternative dar. Zwar funktioniert dieses spezielle Saatgut unter Bäumen besser als normales, aber Rasen braucht zum optimalen Wachstum nun einmal die Sonne – und keinen Dauerschatten.

DIE GRÜNE WÜSTE

Leider sieht Rasen in den seltensten Fällen so gepflegt und gleichmäßig aus, wie man das aus England kennt. Im Sommer bilden sich gerne mal braune Flecken, und es macht sich Unkraut breit.

👆 WIR MEINEN DAZU:

Eigentlich ist Rasen völlig unkompliziert, er wächst fast überall. Aber um so perfekt auszusehen wie der berühmte englische Rasen, müssen die Voraussetzungen stimmten: Es muss hell sein, feucht, nicht zu heiß und nicht zu kalt. Das ist in unseren Breiten so gut wie nicht gegeben. Also muss er intensiv gepflegt werden.

Gärtnermeister Marco Büttgenbach:
„*Der Rasen ist die heilige Kuh der Hobbygärtner.*"

Gute Rasenpflege bedeutet: Er muss regelmäßig gemäht werden, und zwar nicht erst, wenn er schon lang gewachsen, sondern noch relativ kurz ist. Das hat auch den Vorteil, dass sich selbst aussäendes Unkraut wie Gänseblümchen keine Chance, hat sich auszubreiten. Zu kurz sollte er wiederum auch nicht sein, weil ein Rasen von drei Zentimeter Schnitthöhe nicht mehr satt und grün aussieht. Das gemähte Gras sollte man nicht aufsammeln, sondern liegen lassen, so wird der Boden automatisch mit Nährstoffen versorgt. Nur die erste Mahd im März/April und die letzte im Oktober sollte man entfernen.
Der Rasen muss, um perfekt zu bleiben, regelmäßig gewässert werden. Aus ökologischer Sicht höchst bedenklich. Trotzdem ein Tipp: Wenn man eine Teetasse neben den Sprenger stellt und sie zu drei Viertel voll gelaufen ist, kann das Wässern beendet werden. Und als Drittes gehört zur Rasenpflege die regelmäßige Düngung: Im Frühjahr stickstoffbetont für ein üppiges, grünes Wachstum, in der zweiten Jahreshälfte kalibetont für die Winterhärte. Viele Gartenbesitzer schwören darauf, ihren Rasen regelmäßig zu vertikutieren. Mit speziellen Geräten werden scharfe Messer oder große Nadeln in den Boden gerammt, die die Grasnarbe einritzen und das Moos herausrupfen.

Gärtnermeister Marco Büttgenbach:

„Vertikutieren heißt an den Symptomen herumdoktern, nicht an der Ursache. "

Das Moos im Rasen bildet sich, weil der Boden nicht mit genügend Humus versorgt ist, weil er mit falschem Dünger zur falschen Zeit „gefüttert" worden ist, weil er nicht genügend Feuchtigkeit bekommen hat oder zu wenig Licht. Diesen Problemen ist mit Vertikutieren nicht beizukommen. Im Gegenteil: Das Vertikutieren sorgt dafür, dass sich im Rasen freie Flächen bilden, auf denen sich fliegende Samen von Unkraut festsetzen – damit erreicht man also genau das Gegenteil von dem, was man eigentlich erreichen wollte. Bleibt die Frage, warum sich der Hobbygärtner so viel Arbeit mit dem Rasen macht, der nie so perfekt gelingt, wie er es möchte.

Gärtnermeister Marco Büttgenbach:

„Es ist verrückt. Da bezahlt man Tausende von Euro für das Grundstück und macht dann eine Wiese drauf, die keiner benutzt, außer dass man ständig mit dem Rasenmäher darüber fahren muss und düngt und schnibbelt. "

Gelegentlich wird der Rasen als „Visitenkarte des Grundstücksbesitzers" bezeichnet, die alles über den Fleiß oder die Faulheit des Gärtners verrät. Man kann es aber auch anders sehen: Es gibt kaum etwas, das langweiliger ist als die Monokultur Rasen. Insekten und Vögel bietet er nichts – abgesehen von Klee und Gänseblümchen. Die bekämpft man aber mit allen Mitteln, weil sie in einem englischen Rasen nichts verloren haben.

Im Gegensatz dazu steht ein lebendiger Garten, der Augen und Nasen verwöhnt, in dem Blumen blühen und sich Gräser im Wind wiegen. Manchmal braucht der Mensch aber auch grüne Ruhezonen. Wer darauf nicht verzichten will, kann einen Teppich aus immergrünen Bodendeckern pflanzen, die trittfähig sind, wie Thymian, Dickmännchen, kriechenden Cotoneaster oder Sternmoos. Als Dauerbegrünung wirken sie abwechslungsreicher als Rasen, bieten Nahrung für Insekten und Vögel, und, nicht zu unterschätzen, sie brauchen sehr viel weniger Pflege.

Die Tipps zu Hecken und Rasen
können Sie hier nachhören:

NACHWORT:

Der Garten als Lehrmeister fürs Leben

Jeder Hobbygärtner kann von mindestens einem Kardinalfehler in seinem Leben berichten. Ihm zugrunde liegt meistens ein zutiefst nachvollziehbarer Wunsch: die Sehnsucht nach schnellem Ergebnis. Aber die oberste Tugend jedes Gärtners lautet: Geduld, Geduld und nochmals Geduld.

Ein Garten ist ein großartiger Lehrer.
Er lehrt uns Geduld und umsichtige Wachsamkeit;
er lehrt uns Fleiß und Sparsamkeit;
und vor allem lehrt er vollkommenes Vertrauen.

Gertrude Jekyll (1843–1932)

Ein Garten kann noch so detailliert geplant und noch so liebevoll gepflegt sein – etwas wird immer stören. Denn letztendlich hat niemand die totale Kontrolle über das, was in seinem Garten geschieht. Den perfekten Garten wird es nie geben. Und selbst wenn uns der Blick auf die Rabatte und Beete heute mit einem Glücksgefühl erfüllt, weil sie sich ganz genau so präsentieren, wie wir es uns immer gewünscht haben – morgen sehen sie schon wieder anders aus. Weil die Raupen über den Kohl hergefallen sind, der Mohn verblüht ist oder sich ein Löwenzahn mitten in den Erdbeeren breitmacht. Deshalb beruht jede Gartenplanung auf dem Prinzip Hoffnung. Sie kann, muss aber nicht gelingen.

Gefeit sind wir auch nicht gegen die Unbilden der Natur. Da können die Obstbäume üppig blühen wie selten. Ein später Frost macht alle Erwartungen auf eine gute Ernte zunichte. Wenn die Blüten erfrieren, wird es in diesem Jahr keinen einzigen Apfel, keine Birne und keine Erdbeeren geben. Dem Hobbygärtner bleibt nichts anderes übrig, als mit den Schultern zu zucken und die Erwartung einer reichen Ernte auf das kommende Jahr zu verschieben. Im Vertrauen darauf, dass beim nächsten Mal alles gut gehen wird.

Vertrauen ist auch bei der Neuanlage eines Gartens vonnöten. Natürlich wäre es wunderbar, von Anfang an alles perfekt zu haben – ein buntes Meer an Blüten im Vordergrund, höhere Stauden dahinter, schöner grüner Rasen ringsum, und alles umrahmt von einer blickdichten Hecke zur Straße hin. Aber alles braucht seine Zeit.

Gärtnermeister Marco Büttgenbach:

„Es gibt ein schönes Sprichwort:
Ein Apfelbaum wächst nicht in drei Tagen. "

Die Fähigkeit, warten zu können, braucht man erst recht bei der Wahl des richtigen Zeitpunkts. Selbst wenn es schon nach Frühling riecht, hat es keinen Sinn, im April die frostempfindlichen Pflanzen nach draußen zu stellen, es hat auch keinen Sinn zu düngen, wenn es kein Wachstum gibt, und es hat keinen Sinn, zu früh zu schneiden. Alles das kann sogar erheblich schaden.

Gärtnermeister Marco Büttgenbach:

„Zu früh, zu schnell, zu viel auf einmal,
das sind die entscheidenden großen Fehler im Garten. "

Alles hat seine Zeit – wer das akzeptiert, wird viel Freude an seinem Garten haben. Und er hat gute Chancen, im Laufe seines langen Gärtnerlebens ein besserer Mensch zu werden. Wir reden jetzt nicht von den Leuten, denen es ungeliebte Pflicht ist, für die grüne Ordnung rund ums Eigenheim zu sorgen. Sondern von den Frauen und Männern, die gerne gärtnern – aus welchen Gründen auch immer. Weil sie es als Meditationsübung nutzen, wenn sie die immer wiederkehrenden Tätigkeiten wie Jäten, Hacken und Rasenmähen erledigen. Oder weil ihnen die Arbeit im Garten das sinnentleerte Strampeln im Sportstudio ersetzt. Oder auch, weil sie die Beschäftigung mit der Natur genießen.

Ein Gärtner braucht vor allem eins: Geduld. Und wer diese Tugend nicht besitzt, kann, nein: muss sie beim Gärtnern lernen. Denn die Natur lässt sich nicht drängen, sosehr wir sie auch beherrschen möchten. Und selbst wenn es gar keine Erklärung für das Desaster gibt, müssen wir es akzeptieren.

Gärtnermeister Marco Büttgenbach:
„Das Gras wächst nicht schneller, wenn man daran zieht. "

Die Podcasts vom GartenRadio
können Sie hier hören:

LESETIPPS

Appel, Silvia:
Mein kleiner Stadtgarten,
Grünes für Vorgarten, Hinterhof, Balkon und Handtuchgarten.
Ulmer Verlag, Stuttgart 2018
Zwischen Beton und Asphalt einen urbanen Dschungel zu schaffen, das ist das Ziel der „Urban Gardener". Hier erhalten Stadtgärtner Tipps, wie sie das am besten angehen. Als Pflanzgefäß eignet sich alles, was am Boden einen Wasserabfluss hat: nicht nur Kübel und Kästen, sondern auch alte Schuhe oder Blechdosen.

Coirazza, Adelheid:
Tomaten: 200 Sortenempfehlungen aus aller Welt.
Formosa Verlag, Witten, 2011
„Tomaten-Adel", wie die Autorin in einschlägigen Kreisen genannt wird, stellt 200 Tomatensorten vor, ihr spezielles Aussehen, ihren Geschmack und ihre Anbauvoraussetzungen. Das Tomatenbuch schlechthin.

Haas, Hansjörg:
Pflanzenschnitt. So einfach geht's.
Graefe und Unzer Verlag, München, 2017
Ein Ratgeber, der von A bis Z erklärt, was beim Schneiden von Stauden, Sträuchern, Bäumen und Hecken zu beachten ist. Das ideale Nachschlagewerk, wenn der Apfelbaum nicht tragen will oder die Lorbeerhecke nach dem Schnitt braun wird.

Oftring, Bärbel:
Wird das was oder kann das weg?
Kosmos-Verlag, Stuttgart 2017
100 Pflanzen werden in Wort und Bild vorgestellt, jeweils als frisch ausgetriebene Sämlinge, drei Wochen nach dem Austrieb und weitere drei Monate später, mitten in der Blüte. Ein sinnvolles Buch für jeden Gartenliebhaber, der unsicher ist, ob es sich bei dem Austrieb um den teuren Rittersporn oder die wild wuchernde Akelei handelt.

Pépin, Denis:
Schädlinge im Garten natürlich bekämpfen!
Stocker Verlag, Graz 2017
Bestimmte Blumen oder Sträucher sind besonders anfällig für Schädlinge.
Schildläuse befallen bevorzugt Oleander, Schnecken Funkien und Rittersporn.
Der Einsatz von chemischen Mitteln ist im Kleingarten tabu. Deshalb ist die
wichtigste Aufgabe im Kampf gegen Schädlinge, Nützlinge anzulocken und
zu pflegen.

Pfenningschmidt, Jörg; Reif, Jonas:
Hier wächst nichts. Notizen aus unseren Gärten.
Ulmer-Verlag, Stuttgart, 2017
So ironisch, so humorvoll und auch so böse hat selten jemand über die ver-
quere Welt des Hobbygärtners gelästert: Sie „entsorgen" und „steinigen" ihre
Vorgärten, sie betrachten den Rasen als heilige Pflicht, und sie verstümmeln
Sträucher und Bäume bis zu ihrem vorzeitigen Ende. Ein Buch über „das
grüne Elend" – und ein großes Lesevergnügen.

Ploberger, Karl:
Einfach natürlich Gärtnern! Meine besten ‚Mach es so'-Tipps.
BLV-Verlag, München 2015
Ein Mutmacher für Garten-Einsteiger. Der österreichische Fernsehgärtner
verrät, wie man einen Garten anlegt und welche Pflanzenarten sich am
besten eignen; außerdem gibt's Tipps zur Schädlingsbekämpfung.

Die Autoren dieses Buches, das sind drei Liebhaber schöner Gärten:

• **Heike Sicconi,** Radiojournalistin, ist Mitbegründerin des Podcast-Radios (www.GartenRadio.fm). Zweimal im Monat stellt sie jeweils eine halbstündige Reportage rund um den Garten ins Netz. Sie erzählt Geschichten von Gartenliebhabern, von Balkonbesitzern und Kleingärtnern, stellt Liebhaber alter Tomatensorten vor und besucht Schneeglöckchenbörsen, vor

allem aber hat sie einen kompetenten Auskunftgeber gefunden, der einmal im Monat gut gelaunt und erfrischend verbrauchernah einen ganz besonderen Gartentipp bereit hält.

• Und das ist **Marco Büttgenbach,** Betriebsleiter der Alexianer-Klostergärtnerei in Köln. Im Umgang mit Rat suchenden Kunden in dem gemeinnützigen Gartencenter macht er immer wieder dieselben Erfahrungen. „Kann man das schneiden?", fragen sie, oder: „Ich hab erst ab Mittag Sonne, was passt da?", und seine absolute Lieblingsfrage ist: „Ich habe nur zwei Stunden in der Woche Zeit, wie soll ich den Garten anlegen?" Die Antworten des Gärtnermeisters auf diese Fragen (und viele andere, die Sie sich wahrscheinlich auch schon oft gestellt haben) finden Sie in diesem Buch.

• Die Dritte im Bunde ist **Ulla Foemer,** Wirtschaftsjournalistin mit ererbtem Hang zum Gärtnern. Ihr Urgroßvater, heißt es in der Familiensaga, hatte zu Beginn des letzten Jahrhunderts im Lotto gewonnen und die gesamte Summe in Bäume und Sträucher für seinen Garten investiert. Sie waren für die damaligen wirtschaftlichen und klimatischen Verhältnisse in der Re-

gion absolut exotisch, wie Pfirsiche, Aprikosen und Weinstöcke. Inzwischen zeigt sich das grüne Gen auch schon in der vierten Generation.

Bildnachweis:

Alle Bilder von Heike Sicconi außer:
S_Photo – shutterstock.com: 1; Zoom Team – shutterstock.com: 2/3; welcomia – shutterstock.com: 6/7; Lou Sisneros Photography – shutterstock.com: 12; mubus7 – shutterstock.com: 14; takoburito – shutterstock: 16/17; Jariya Thonguthum – shutterstock.com: 22; CLICKMANIS – shutterstock.com: 23; Isa Long – shutterstock.com: 25; A3pfamily – shutterstock.com: 26/27; OMMB – shutterstock.com: 28; Andrii Zastrozhnov – shutterstock.com: 33; InfoFlowersPlants – shutterstock.com: 34; Konjushenko Vladimir – shutterstock.com: 35; Simon Kadula – shutterstock.com: 38/39; Singkham – shutterstock.com: 41; Jorge Salcedo – shutterstock.com: 43; N-sky – shutterstock.com: 52/53; Henri Koskinen – shutterstock.com: 54; lcrms – shutterstock.com: 55; Lisa S. – shutterstock.com: 56; Bildagentur Zoonar GmbH – shutterstock.com: 59; tchara – shutterstock.com: 60; mykhailo pavlenko – shutterstock.com: 62; Atelier M – shutterstock.com: 63; effective stock photos – shutterstock.com: 64/65; Olaf Speier – shutterstock.com: 66; Elena Masiutkina – shutterstock.com: 70; juerginho – shutterstock.com: 72; Falcon Eyes – shutterstock.com: 74/75; V J Matthew – shutterstock.com: 78; SusaZoom – shutterstock.com: 82; dubreu vasilica – shutterstock.com: 84/85; TwilightArtPictures – shutterstock.com: 86; Nadzeya Pakhomava – shutterstock.com: 89; mythja – shutterstock.com: 96/97; Ulf Wittrock – shutterstock.com: 106/107; Iguani – shutterstock.com: 108; TTstudio – shutterstock.com: 113; Anjo Kan – shutterstock.com: 117; Sunny studio – shutterstock.com: 123

Bibliographische Information der Deutschen Nationalbibliothek

Die Deutsche Nationalbibliothek verzeichnet diese Publikation in der Deutschen Nationalbibliografie; detaillierte bibliografische Daten sind im Internet über http://d-nb.de abrufbar.

 BLV Buchverlag GmbH & Co. KG
80636 München

© 2018 BLV Buchverlag GmbH & Co. KG, München

Umschlaggestaltung und Konzeption: BLV Buchverlag
Umschlagfotos: Gettyimages/Chris J. Price (vorne);
Rückseite: takoburito – shutterstock (links), Ursa Studio – shutterstock
Pictogramme: www.istockphoto.com/RLT_Images, www.istockphoto.com/Color_life, www.istockphoto.com/LueratSatichob
Lektorat: Christa Klus-Neufanger
Herstellung: Hermann Maxant
Layout Innenteil und Satz: Eva Schindler

Gedruckt auf chlorfrei gebleichtem Papier

Printed in Italy

ISBN 978-3-8354-1847-9

 www.facebook.com/blvVerlag